互联网化

传统企业自我颠覆与重构之道

周锡冰◎著

Internetization

The Way of Traditional Enterprises'
Self Subversion and Reconstruction

ZHEJIANG UNIVERSITY PRESS
浙江大学出版社

自 序

2014 年的中国,"互联网思维"一词频繁出现在论坛和媒体的头版头条上,一时引起了观察家和企业经营者的热议。在热议"互联网思维"的背后,无疑有着一种焦虑,因为对于传统企业来说,互联网化已经不是做不做的问题,而是如何做的问题。

对此,万通控股董事长冯仑在亚布力中国企业家论坛闭幕式演讲中说道:"当互联网来袭时,不要抗拒,而是拥抱。拥抱的方法,就是逐步放弃原来基于信息不对称的既得利益,同时利用对行业的洞察,找到新的价值主张,重新树立自己的优势。"

在冯仑看来,找到新的价值主张,重新树立自己的优势,才是传统企业的最佳选择。由此可见,对于传统企业而言,在互联网化的今天,商业机会与挑战并存,如果不顺应互联网化的潮流,必然会招致败局。

当互联网思维在中国盛行开来之时,首先是给传统企业的行业秩序带来了洗牌和整合,与此同时,互联网思维越来越深刻地影响传统企业的经营和发展,甚至影响其渠道的构建。当诸多抵制互联网的传统企业纷纷倒下时,那些积极进行互联网化的传统企业却在"八仙过海,各显神通"。

毋庸置疑,互联网时代在经过 20 多年的发展之后,终于以成熟优雅的姿态融入中国网民的生活和工作中。在这样的背景下,倘若企业仅仅凭借传统的设计、营销和推广手段去叩开消费者的门，恐怕是连人带货都会吃足闭门羹的。

究其原因，在互联网时代，一切用户都在个性化，甚至是小众化。正如新东方创始人俞敏洪 2013 年 11 月 19 日在创业家传媒 5 周年庆典上的讲话所言："在互联网时代，只有两种人：一种人想办法集中自己的所有资源，才能继续保持江湖地位；另一种人则必须随时做好这个江湖地位被他人取代的准备。"

俞敏洪的判断是有前瞻性的战略思维作为依据的。随着互联网时代，特别是移动互联网时代的来临，对传统企业来说，其商品销售模式、渠道以及消费者的消费习性都发生了翻天覆地的变化。当这样的变化影响传统企业的经营时，无疑就意味着要么互联网化，要么被消费者摒弃。海尔集团董事局主席张瑞敏在 2014 年互联网创新交流大会上发表演讲时介绍了传统企业互联网化的必要性。张瑞敏说道："在互联网时代，外部的变化非常快，而企业内部如果只考虑均衡，最终只会静止不前，只能等死。"

随着碎片化时代的到来，对于传统制造企业来说，把握互联网化的趋势已经是赢得未来的一个关键点，因为互联网时代背景下的数字化正在重构商业模式。大连万达董事长王健林在出席中国企业领袖年会演讲时也强调了互联网化的巨大作用："可能今后所有行业都要互联网化，但并不意味着互联网能消灭所有企业，这是两个概念。互联网技术的出现，改变了人们的生活，改变了传统的运营方式和经销方式，但总体上，这只是一个洗牌的过程，是传统产业和新产业转化的过程。"

既然互联网化迫在眉睫，那么对于传统企业经营者来说，如何来迎接互联网化的浪潮呢？360 创始人周鸿祎在出席 2013 年中国企业领袖年会时提出的一个观点值得借鉴："传统企业借互联网模式发展，可总结为 3 个关键词——用户、体验、免费。首先要考虑的是用户，而不仅仅是掏钱买你东西的客户；其次，体验至上，设计出超预期的产品；再次，理解、利用互联网免费这一非常有杀伤力的模式。"

事实证明，在互联网思维主导的当下，对于传统企业来说，互联网浪潮正在以无可阻挡的势头渗透、改变甚至颠覆传统行业，而且是如此迅速和深刻。正如蓝狮子财经图书出版人吴晓波所言："未来五年左右，传统制造业将受到互联网冲击，50％的制造企业会破产。在接下来的 80 后的世界里，一切商业都将互联网化，传统企业将受到冲击。"因此，要想在这样的背景下赢得竞争的胜利，传统企业经营者必须积极拥抱互联网化。

周锡冰

2016 年 3 月 26 日于北京

目　录

目录

3

第一部分　拒绝互联网的传统企业没有未来

> 未来五年左右，传统制造业将受到互联网冲击，50%的制造企业会破产。在接下来的 80 后的世界里，一切商业都将互联网化，传统企业将受到冲击。
>
> ——蓝狮子财经图书出版人　吴晓波

第1章　互联网浪潮已到，
美国总统竞选也逃不掉

当滚滚的互联网浪潮席卷中华大地时，摆在中国传统企业经营者面前的只有一条路可走——互联网化。

很多传统企业的大佬们已经积极地向互联网化迈进。联想集团创始人柳传志，在 2014 年 12 月 13 日北京召开的媒体会上说道："移动互联网浪潮已经到来，哪个行业都躲不过去，只不过受冲击有快慢之分。媒体、电商等处于龙卷风中心的行业必须迅速做出反应，否则一年半载就有存亡之虞；而传统行业时间相对充裕，应当冷静调整，不要太激进全部推翻，否则会造成企业的混乱。"

在柳传志看来，互联网，特别是移动互联网浪潮已到，任何一个行业都躲不过。柳传志之所以有这样的看法，是因为联想控股尽管从做个人电脑起家，但是目前的主板业务不仅包括 IT 业和后来扩张的房地产业和金融业，还以战略投资方式进入了农业、医疗、现代服务等新领域，将神州租车、安信颐和、拉卡拉等各领域领先公司也纳入联想旗下。此外，联想旗下三家资产管理公司还通过天使投资、风险投资等方式，投资了一批新兴互联网企业和高科技公司。2013 年，联想控股综合营业额达 2440 亿元，总资产达 2070 亿元。

的确，联想的版图已经不仅仅局限在个人电脑领域，在最近几年，联想布局了一批新兴互联网企业，主要还是看中了移动互联网浪潮的巨大潜力。对此，柳传志坦言："移动互联网浪潮堪比蒸汽革命，是所有行业从业者都要研究的事。联想旗下的'联想之星'就是要把草根打造成企业家。事实证明，投资移动互联网公司越早越好。"不过，柳传志也承认："投资这些移动互联网极早期企业的时候，以往投资经验往往无法适用。"

柳传志的经验是："对这些年轻人所做的最新的事情，我们可能看不懂。就像一些APP（应用程序，Application的缩写）可以上网找女朋友，像我这样的人怎么可能懂？但如果因为不懂而不投，那就耽误了，所以我们要努力看。"

01 奥巴马的胜利，就是互联网的胜利

2008年以前，"互联网"这个关键词几乎和"美国总统"这个名号根本扯不上任何关系。

然而，在美国2008年的总统大选中，当奥巴马胜出的消息传遍世界各地时，为奥巴马欢呼的人群中，却有着数以万计的网民、互联网从业人士。

毫不夸张地说，奥巴马的胜利，就是互联网的胜利。由于奥巴马总统竞选团队有效地利用了长尾营销策略，募集了充裕的竞选资金，从而为赢得总统竞选打下了坚实的基础。

奥巴马首次建立了一个美国政界见所未见的筹款机制，充分地利用互联网，不仅得到了少数"捐款大户"的支持，同时也得到了大量网民的支持。

奥巴马的策略，收到了预期的效果。仅仅在2008年2月，奥巴马团队就筹集了5500万美元，打破了美国历届总统竞选资金募集的纪录，其中有4500万美元资金来自网络。

然而当时，奥巴马本人甚至一次也没有出席过募捐活动。来自奥巴马

阵营的报告显示,在 2008 年 2 月,奥巴马募集的捐款中 94％由 200 美元或更少的捐赠构成,希拉里这一比例为 26％,麦凯恩为 13％。在 2008 年 3 月,为奥巴马捐款的人数达到了 1276000 人。

由此可见,奥巴马团队激活了潜在的网民力量,从而为奥巴马的总统竞选注入了活力。因此,认为奥巴马的胜利是互联网的胜利,是长尾理论的胜利,一点都不夸张。

在当时,互联网曾被誉为奥巴马竞选总统的"自动提款机"。2008 年美国总统大选中的候选人募款金额总共高达 16.34 亿美元,而奥巴马就占了 7.5 亿美元。另一位总统竞选者是来自亚利桑那州的资深参议员约翰·麦凯恩,其募集资金为 3.6 亿美元。

02 麦凯恩的竞选失败与奥巴马的互联网思维

回顾美国的总统大选不难看出,初期的大众传媒主要是一些报纸和杂志。随着工业革命的兴起,特别是 20 世纪后,新兴媒体(比如广播、电视、互联网等)的出现,开始影响着美国人的生活,对美国社会和政治生活产生了重大影响。

在 20 世纪 80 年代后,互联网新传媒的出现更是使大众传媒发生了革命性的变化。在这个起点上,一个全新的美国总统竞选时代已经到来。

如果把美国第 32 任总统富兰克林·德拉诺·罗斯福比喻成"广播总统"、美国第 35 任总统约翰·F.肯尼迪比喻成"电视总统"的话,那么奥巴马就可以名正言顺地被比喻成"互联网总统"。学者张鸷远在《网络传媒影响美国大选》一文中认为:如果没有互联网,奥巴马甚至都不会成为民主党的总统候选人。信息技术的发展改变了美国总统大选的方式,因此有人称 2008 年的总统大选为"Web 2.0 选举"。

反观奥巴马的竞争对手,作为总统候选人的约翰·麦凯恩,出身将门,曾在战场上出生入死，并曾获得过一枚银星奖章、一枚铜星奖章、一枚功勋勋章、一枚紫心勋章以及一枚飞行十字勋章。

在"9·11"之后，恐怖主义成为美国的头号强敌，选民们需要一个作风干练的总统。而麦凯恩在军事生涯中的诸多辉煌成就，显然给他的竞选添加了许多筹码。

但是，麦凯恩却忽略了新技术下的互联网力量。在 2008 年 11 月 7 日于旧金山召开的 Web 2.0 峰会上，"网络与政治"议题组的发言人认为，主流媒体对政治的影响已经式微，它们仅是报道竞选人的言论，而未涉及其对错与否，而博客较主流媒体更能指出实际错误。

麦凯恩传统的白人思维和卓越的"历史"竟然成了一把双刃剑，在给自己带来荣耀的同时，也不可避免地刺伤了自己。

一位民主党人士曾嘲笑麦凯恩说："现在听到有人不会上网就是奇闻，我 5 岁的侄女都能上网玩游戏……他 35 年前的所作所为让他成为英雄，但那并不能让他成为我们今天需要的美国总统，他在许多方面与当今的美国太脱节了。"

美国企业研究所(AEI)学者迈克尔·巴龙的研究表明，美国选民结构和倾向每过 10 年就会有重大改变，从"二战"结束一直到美国第 41 任总统乔治·赫伯特·沃克·布什，当选美国总统的人基本上都是参加过"二战"的老兵。到了克林顿时代，参加过"二战"的老兵基本上已经淡出政治舞台，"战后婴儿潮"一代开始步入政坛，代表人物就是克林顿和小布什(乔治·沃克·布什)。到小布什为止，"战后婴儿潮"一代正好执政 16 年，这就意味着"战后婴儿潮"一代开始步入政坛。迈克尔·巴龙认为，2008 年奥巴马正好 46 岁，正好代表了"战后婴儿潮"一代人，这大概也是奥巴马赢得众多支持者的一个重要原因。

麦凯恩的失败，不仅源于对新媒体(特别是互联网)的了解甚少，而且还源于其固守传统的美国梦。要是没有互联网，麦凯恩很可能会登上总统宝座。但是，今天的互联网已经进入千家万户。

美国总统候选人不仅采取 YouTube 视频营销,同时也启动了博客营销。事实上,早在 2004 年大选中,博客就已初具影响。时过境迁,博客在两次大选中发挥的作用还是有所区别的。

2002 年年初,霍华德·迪恩宣布放弃竞选佛蒙特连任州长,转而尝试参与党内总统候选人竞争,成了民主党内第一个宣布"试探性"参选的候选人,并于 2003 年 6 月 23 日正式宣布参选。

可以说,博客在那次大选中起到的作用同个人网站差不多。到了 2007 年,在美国已经被界定为新媒体的博客,其重要性已经变得非常突出,几乎每篇日志和每次讨论都能影响大批选民读者。

在总统竞选的道路上,各个总统候选人都积极地向网络狂奔。然而,盲目的狂奔就像红花中的绿叶一样,只不过是一点点缀而已。

2007 年年底,离 2008 年美国总统大选已经越来越近,各大政党的总统候选人正在进行拉票冲刺。这届总统选举的一个特点就是网络媒体的深度参与。这种参与并非只是网络媒体单方面地加入选举过程中,一些候选人聪明地利用了网络上的公众媒体,就像他们以前利用广播和电视一样。

当然,也有专家认为网络决定美国总统选举结果为时尚早,刘婕曾在《网络决定美国总统为时尚早》一文中谈道:"当然,就现在的形势来看,说网络能直接决定候选人的仕途可能有些夸张,但也许大多数选民会更倾向于一位对数字世界有所了解的领导人。很多候选人缺乏对新兴科技起码的认识。比如,约翰·麦凯恩和米特·罗姆尼对现在 Web 2.0 环境下的网络技术和工具就近乎一无所知,他们甚至不知道 MySpace。他们可以把这些归咎于代沟,毕竟能够成为总统候选人的人,大部分已不再年轻了。但无论如何,这引起了越来越多选民的焦虑——在网络和通信技术飞速发展的今天,领导人对这个领域的孤陋寡闻绝不是一件好事。"

在刘婕看来,网络已经在美国总统选举中产生了重大的作用。刘婕还撰文指出:网络在尽展所长地参与新一届的美国大选。雅虎、*Slate* 杂志和《赫芬顿邮报》(*The Huffington Post*)已经主办过一个通过网络进行的候选人辩论会,与电视转播辩论会相比,网络给了更多观众提问的机会,并让他们直接投票决定谁更出色。很难说这样的辩论对最终结果会有多大影响,可这是网络媒体为候选人提供的一次前所未有的体验——少了中间那些传统媒体之后,他们与公众的接触距离大大缩小。然而候选人普遍表现得不太热衷,利用社交网站和自己的网站与公众进行真正交流的候选人,一共只有 5 个。[①]

03 美国总统选举不相信眼泪,哪怕是女竞选者

成功者有其成功的原因,奥巴马能够打败麦凯恩,还在于他懂得利用长尾营销策略。对此,《纽约杂志》(New York Magazine)专栏作家约翰·海勒曼撰文指出,互联网在 2008 年美国总统大选中扮演着一种摧枯拉朽式的角色,如同 20 世纪 60 年代肯尼迪竞选总统时,电视媒体发挥着今日互联网的同等作用。

美国学者米尔奇认为,美国第 35 任总统约翰·菲茨杰拉德·肯尼迪打动公众的不仅仅是他的语言,还有他在演讲时所表现出的那种充满活力与安定人心的形象。在利用电视媒体方面,肯尼迪政府迈出了革命性的一步。米尔奇说:"在肯尼迪任期内和因为他,电视成为判定一位总统领导国家能力的一个重要的,也许是至关重要的决定因素。"

美国政治学家布鲁斯·米诺夫也撰文指出,在肯尼迪的整个总统任期内,肯尼迪与美国政府的其他成员做了各种广为宣传的"公开表演",或进行了内容丰富、具有象征意义的展示。

而今的奥巴马依然采用了相同的手段展示他追求变革的形象。奥巴马知道,只有在互联网上与尽可能多的草根选民互动起来,才能得到更多选民的认可。

---

① 刘婕. 网络决定美国总统为时尚早[N]. 外滩画报,2007-12-18.

研究发现,在传统的市场营销中,一些企业经营者往往为了提高销售效率,而把全部的精力都放在那些有 80％客户去购买的 20％的主流商品上,着力维护购买其 80％商品的 20％的主流客户。这些经营者的做法完全背离了长尾市场理论。《连线》杂志前主编克里斯·安德森说:"我们一直在忍受这些最小公分母的专制统治……我们的思维被阻塞在由主流需求驱动的经济模式下。"

克里斯·安德森认为,在互联网的促力下,被奉为传统商业圣经的"二八定律"已经发生改变。正如亚马逊公司的一位员工所言,许多从前传统渠道卖不动的书,在亚马逊网上的销量却很好。亚马逊为窄众群体提供了个性化的选择机会,对需求量小的商品进行了精细的划分,从而延展了渠道。这种"无物不销,无时不售"的模式,为消费者提供了无限制的多样性选择。相对于传统的人为界定的有限选择,这种无限制性的选择更侧重于从客户的需求出发,注重客户的体验。

就像地上散落了一堆芝麻和一个大西瓜,一些企业经营者,特别是中小企业经营者,往往狂奔抢西瓜,结果西瓜却被实力雄厚的大公司抢走了。而那些俯下身子去拣地上散落芝麻的经营者,拣完后发现,这些芝麻竟然有整整的一麻袋,所得到的回报丝毫不比那大西瓜少,甚至还更多。

总统竞选竞争者麦凯恩就只顾去抢"西瓜",却没有意识到巨大的数量微小的选民市场占据着可观的投票份额。

长尾市场之所以被重视,是和计算机及网络技术高度发展密不可分的。传统观念中,当市场份额过小,相应的收入也比较少,而开拓市场的人力成本却不见减少,因此长尾市场就很可能是个亏损的市场。而在高新信息技术出现后,用低成本甚至零成本去开拓和维持无数个小市场便成为可能。

美国科技博客网站 Mashable 观察了 19 名总统候选人在竞选中对社交媒体的利用率,经过排序后发现:虽然几乎所有的候选人都多多少少在社交媒体中露面拉票,但像约翰·爱德华兹和希拉里·克林顿这样的热门候选人,似乎并没有频繁露面拉票。

相反，"新秀"奥巴马却是一个不折不扣的社区创建者。他利用互联网挖掘那些被人们忽略的80%，开始带头抢起了芝麻，并取得了出乎意料的成功。

奥巴马用捡芝麻取得了巨大成功，从而证明了长尾市场的巨大商业价值。以2008年1月奥巴马获得的3600万美元捐款为例，其中有2800万美元是通过互联网募集到的，90%的捐款单笔金额都在100美元以下。捐款额度在200～4600美元(法律规定的个人捐款上限)的人数，奥巴马和麦凯恩分别对应着322363人和134213人，所收获的总金额则分别是2.99亿美元和1.29亿美元。这就是尽管奥巴马放弃了8400万美元联邦助选金，但仍凭借网络比麦凯恩多募集到了数亿资金的直接原因。[1]

奥巴马团队的选举策略已证明互联网可用于在线募集竞选经费。同时，时任旧金山市长的加文·纽森则认为，社交网站具有更大的政治力量，因为它能在竞选人和选民中间创建更有意义的联系。

总统竞选人就每件事情发表的言论及其立场观点，都能通过网络引发网民的评论和判断。可以断言，网络极大地影响美国总统竞选的结果已经成为一种趋势。

据《芝加哥论坛报》(Chicago Tribune)2007年1月14日报道称，奥巴马已经开始建立自己的竞选团队，且将其竞选总部设在芝加哥。2007年2月10日，奥巴马在伊利诺伊州首府斯普林菲尔德正式宣布参选2008年总统。

在2008年的第一个月，奥巴马就筹到3200万美元的竞选经费，是当时筹款最多的总统候选人；紧接着的第二个月，他的筹款效率更加惊人，募得5500万美元的捐款，打破参议员约翰·福布斯·克里于2004年保持的单月筹款纪录，比同党对手希拉里·克林顿的同月筹款数多出2000万美元。

这组筹款数据，让世界见识到了奥巴马的网络营销才能。通过互联网，奥巴马从容掌握了民意，即便是人气旺盛的前白宫第一夫人希拉里，也几乎看不到翻盘的希望。

---

① 张鸳远.网络传媒影响美国大选[N].中国社会科学报，2011-01-14.

第2章　未来一切商业都将互联网化

在碎片化时代,消费者需求不断变化,随之而来的互联网化迫使传统企业不得不在营销和渠道拓展、产品设计等方面向消费者需求无限贴近。

对于这样的趋势,2014年5月27日在上海举行的明道大会《再见,人口红利;你好,商业科技》上,蓝狮子财经图书出版人吴晓波发表主题演讲时断言:"未来五年左右,传统制造业将受到互联网冲击,50%的制造企业会破产。"他表示:"在接下来的80后的世界里,一切商业都将互联网化,传统企业将受到冲击。"

吴晓波认为,商业的互联网化由两部分构成:第一,企业将重新构建同消费者之间的关系;第二,企业会利用互联网工具改造其内部的流程。例如明道所提供的工具,就是企业内部的一个互联网化。它是一个内外完全互联网化的改造。如果不完成这两个改造的话,传统的制造业和传统的服务业都会走向覆灭。大浪淘沙之后,所能生存下来的将是那些有科技含量的、善待员工的、提供未来商品的企业。在这个淘汰过程中,不利用这些工具的企业都将退出竞争舞台。

在过去20多年的时间里,中国的消费模式、创业模式甚至思维方式都是由出生于1962—1975年间的这批人决定的,而现如今正在"交棒"给80后。

吴晓波举例印证这一观点称，淘宝上的中小企业主（卖家）数量大概在600万元至800万元，这波人当中85％以上是80后，80后成了最主要的创业群体。这个是中国发生的最大的变化之一。

01 传统企业互联网化是大势所趋

关于互联网对传统企业的影响，联想创始人柳传志在2014年12月接受《北京晨报》记者的采访时认为："全国有几十万个行业，来自移动互联网的冲击或快或慢，最后却都不可避免，躲也躲不掉。联想的步伐必须跟上，不然的话，一年半年就会出现大问题。但由于客户年龄段的不同，适应时间也会不同。如果所有行业都像'互联网大咖'所说的要立刻转变，就会带来恐慌。不同行业应该分不同步骤调整。"

在柳传志看来，由于互联网时代仍处在短跑阶段，受到冲击的各个行业不能慌乱。为此，柳传志说："实践已经证明，对移动互联网处于中心领域的行业，越早期投入越好。联想做投资总结的经验是'事为先，人为重'。但是在投资互联网早期企业时，没有办法'人为重'。比如陌陌这样的公司也会快速发展起来，并且上市，像我这样的人，怎么能想象得到？但人家就是做成了。"

不可否认的是，互联网的发展非常迅猛，对于柳传志来说，这样的变化无疑会改变创业初期的战略逻辑。柳传志坦言："中国互联网时代的历史还很短，短跑中取得局部胜利的未必是一圈全跑下来的，要冷静对待这个浪潮，勇敢面对。"

的确，当"褚橙"、"柳桃"、"潘苹果"在互联网上取得巨大成功后，传统企业立即刮起了一阵阵互联网旋风。在2012年第七届互联网站长年会上，小米创始人雷军分享了其互联网思维的"独家秘籍"。雷军介绍说："互联网不是技术，而是一种观念，是一种方法论。我把它精炼成七个字，号称

'七字诀'——专注、极致、口碑、快。用互联网武装传统企业,用新模式来做传统的事情,是大势所趋,是任何企业挡都挡不住的。"小米的高速发展证明了雷军的"七字诀"。

在互联网时代的消费者,已经开始发生巨大的改变,传统的营销渠道和思维已经渐渐不能满足现实需求。只有把专注、极致、口碑融入产品中,再加上快速地在互联网上推广,才是赢得新时代用户的有效手段。不过,值得庆幸的是,很多传统企业已经积极地开启互联网化的征途了。在这里,我们从一个真实的案例开始讲起。

1991 年,从事月饼生产的传统企业东莞市华美食品有限公司,创立于改革开放前沿的珠江三角洲。时逢盛世,可谓尽得天时、地利和人和。

经过 20 多年的发展,华美食品有限公司已经拥有占地面积超过 12 万平方米的工业园、现代化食品生产线 10 余条、员工 1000 余名。饼干的日产能达 100 吨以上,月饼日产能逾 180 万个。华美食品有限公司生产的产品常年销往亚、欧、美、非等各大洲 30 余个国家。

据华美月饼团购总部在新浪博客的资料显示,截至 2012 年 7 月,作为国内月饼生产龙头企业的华美食品有限公司,拥有全国最大月饼生产基地,也是全国月饼市场占有率第一的企业。这样的业绩无疑让华美人感到骄傲和自豪。即使在中央政府"禁礼令"等因素的影响下,华美销售额每年依旧保持持续增长。

作为一家传统食品企业的华美食品有限公司,是如何做到保持持续增长的销售业绩的呢?

通过我们团队的研究和分析,找到了华美食品有限公司的 12 字营销秘诀——洞察市场态势,创新营销模式。

这里,我们先来分析一下华美食品有限公司在营销模式上是如何互联网化的。在月饼市场上,华美食品有限公司非常重视营销推广,甚至还被业内誉为"营销典范",获得创意营销奖项等。

首先,凭借创意吸引消费者的眼球,增强华美品牌的市场认知度。在互联网时代的营销中，创意的核心就是"创"，即原创性。为了达到良好的营销效果，华美食品有限公司同样十分重视原创性推广，这个原创性创意就是"会说话的月饼"。

其次，依据消费者的需求进行营销模式的创新。由于互联网思维的影响，华美食品有限公司不得不依据消费者的需求进行营销模式的创新，结合中国人重视中秋佳节馈赠亲朋好友的传统习俗，在受众人数众多的微信和微视两大互联网人气平台上进行网络营销。消费者只要扫描包装盒上的二维码，就可以录制祝福视频发送给自己的亲人和朋友。这样的创意营销形式曾在互联网上引起了巨大的轰动效应。在微博推广上，华美食品有限公司也非常重视，例如关于"会说话的月饼"的讨论话题的数量就超过8.3万条，其阅读数量接近4000万次。

再者，互联网技术与自身品牌相结合，让消费者参与进来。当策划好原创性创意以后，就需要把互联网技术与自身品牌相结合，让消费者参与进来。华美食品有限公司为了让消费者参与进来，利用较为流行的扫码和录制视频等，让"月饼会说话"，这样的参与体验让消费者眼前一亮。

当"会说话的月饼"的网络营销推广投入市场之后，很快引来了消费者的围观和"灌水"，年轻的消费群体对新事物较为敏感，参与度也往往较高。这样的营销方法让用户在购买商品的同时，也感受到了购物和互动的乐趣。商家与用户一旦良性地互动起来，用户就会主动传播信息，有效提高品牌的知名度。

最后，在微信、微视、微博三大网络平台上三管齐下，有效地引爆社交媒体，从而提升网络营销的精准度。具体操作是：在微信社交媒体上，华美邀请广告代言人周华健录制了一段视频，其目的是为"会说话的月饼"造势，同时在页面交互上直接与微视打通，让消费者直接就能跳转到微视录制祝福视频。华美还不断用抽奖的方式刺激用户转发、评论；再加上一段搞笑的动画视频，更是让传播效果发挥到了极致。

华美月饼的互联网营销给中国传统企业经营者的启示是，对于任何一家传统企业来说,在碎片化的互联网时代,任何一款产品的畅销都离不开网络营销的作用。毫不夸张地说,决定企业生死存亡的除了产品的质量过硬与否之外,网络营销也极为关键。

从消费者的购买习惯角度来看,在互联网时代下,消费者已经越来越强调表达自己的个性化需求。要是哪个商家能更好地满足消费者的个性化需求,消费者便会自然而然地偏向该提供个性化需求的商家。如果该商家能让消费者参与到整个产品设计过程中,则消费者的满意度无疑就会更高。所以,面对互联网的冲击和消费者越来越个性化的需求,传统企业需要提升自己的营销、渠道、产品设计等经营方式,而互联网化则是传统企业的一个新起点。

02 拒绝互联网的企业就是死路一条

2015 年伊始,华为消费者 BG(业务集团)发布新年致辞,全面总结 2014 年成绩,并对 2015 年发展进行战略规划。可以看到,2014 年华为消费者 BG 取得不俗成绩——时任华为轮值 CEO 胡厚崑介绍,2014 年华为销售收入预计将达 460 亿美元,实现超过 15% 的增长。

尽管华为取得了不俗业绩,但是华为却在 2013 年 12 月 31 日发布了一份名为《用趋势赢未来,数字化重构新商业》的行业趋势报告。

该行业趋势报告,充分支持了互联网和大数据对于传统产业的颠覆性影响,并断言——未来的企业,无论从事什么行业,也无论企业的规模大小,首先是一个"高科技企业",不能充分利用信息技术实现业务升华和改造的企业,在信息时代是没有生存空间的,这就如同在今天用马车和高铁来竞争一样。

数字社会将迎来新一波发展浪潮,这个浪潮的标志是互联网从商业的价值传递环节向价值创造环节渗透,数字社会和物理社会走向更加深入的融合，互联网成为传统行业创新的焦点，也是传统产业数字化重构的起点。

该行业趋势报告的观点很明确，未来必须全民"高科技"，否则就是死路一条。胡厚昆认为，华为 2014 年的业绩表现得益于三大业务的增长。在运营商业务领域，得益于全球 4G 移动超宽带加速，华为进入了莫斯科、里约热内卢等 9 个海外大数据流量市场。在企业业务领域，华为与 SAP 等战略合作伙伴联手，在云计算、大数据等领域开拓创新。在消费者业务领域，华为实行"华为＋荣耀"双品牌运作。在胡厚昆看来，正是因为华为在云计算、大数据等领域的开拓创新，才保证了华为的高速增长。

从华为发布的《用趋势赢未来，数字化重构新商业》行业趋势报告中不难看出，互联网对如今传统企业的颠覆性改变已经不言自明。

最近几年，败退中国的跨国公司越来越多，在这里我们解读一下德国敦豪（DHL）的败退案例。

敦豪的败退简直就是另一个翻版的百思买，这两家企业都把长远的经营思路放到高端市场，结果却在原始价格战中败退了下来。

2011 年 6 月 29 日，中外运空运发展股份有限公司对外发布公告宣称，其下属中外运敦豪国际航空快件有限公司（以下简称中外运敦豪）将所持有的全一快递、中外运速递公司及金果三家公司的全部股权转让给深圳市友和道通实业有限公司。该公告意味着敦豪已撤出在中国市场的所有快递业务。

1986 年，由中外运空运发展股份有限公司与德国敦豪合资，组建了中外运敦豪，双方各持股 50％。

经过近 20 年的发展，中外运敦豪也取得了一些业绩。2009 年，中外运敦豪收购了全一快递、中外运速递和金果三家公司 100％的股权。其后，公司开始整合，并迅速展开快递业务。

然而，中国市场的竞争非常激烈，使得中外运敦豪遭遇发展瓶颈，外运发展将原因归结为两方面：

第一，中国快递行业的业务竞争过于惨烈，价格战在各个快递公司之间更是此起彼伏，外资快递企业由于缺少成本优势，亏困严重。敦豪快递也同样难逃厄运。数据显示，截至 2010 年年末，中外运敦豪下属三家公司累计亏损约 9923 万元。

对此，中商流通生产力促进中心高级分析师梁焕磊在接受《国际金融报》记者采访时一针见血地指出："价格上处于劣势，使得部分外商经营的国内快递企业在与某些国内快递公司的竞争过程中处于相对不利的地位。在目前价格仍然是重要竞争手段的国内快递业中，部分民营企业的价格优势非常明显，国际物流大鳄的规范程度、服务质量优势等尚不足以抵消其成本和价格方面的劣势，这是根本原因。"

第二，2009 年 10 月 1 日，修订后的《中华人民共和国邮政法》正式开始实施。不可否认的是，《邮政法》的实施，在一定程度上限制了外资企业在中国从事境内快递业务。例如，《邮政法》第五十一条明确规定："外商不得投资经营信件的国内快递业务。"

众所周知，信件等文件递送的业务量在国内快递中占据很大的比例，中外运敦豪的国内信件等文件快递占其国内整体业务量的 35%。

当然，敦豪并不认为自己撤退是退缩或者放弃，而只是根据现状调整自己的发展战略而已。时任敦豪亚太区 CEO 许克威在接受媒体采访时明确表示："目前国内快递市场的竞争方式和发展环境，并不适合敦豪快递的进一步发展。但国内快递市场是一定要切入的，只是目前时机未到，当国内快递的商业环境、法律环境等条件规范的时候，才是我们切入的时机。目前 DHL 将集中火力重点投资和拓展中国的国际快递业务。"

不管是战略性撤退还是败退中国，其实都是同一个意思的两种表达。因为敦豪已经出售中国业务，这就意味着败退中国至少在目前已成为事实。敦豪的败退并非偶然事件，其根源是敦豪没有顺应互联网的发展大势。在工业时代转向互联网时代的过程中，商业模式的变化无疑会淘汰很多传统企业。快递作为一个较为传统的行业，同样遭遇着互联网化浪潮的冲击。只有挖掘互联网思维背景下的快递行业蓝海市场，快递企业的发展和变革才能创造意想不到的战略机遇。因此，快递企业的经营者，不仅需要日常的运营管理，更需要跟得上互联网思维，只有秉持"小步快跑、快递迭代"的思维，才能够抓住行业发展的商机。

互联网（特别是移动互联网）已经全面改变人类的生活和商业模式，当经营者有一天发现自己掉队时，已经来不及了。在互联网时代，传统企业经营者不能完全按照常规的商业思维来制定远期战略，只有拥抱互联网化的趋势，才能赢得未来。

03 谁拒绝互联网化，谁就会倒下

在互联网化的今天，对于任何一个传统企业来说，拒绝互联网化就意味着迟早会倒下。对此，中国互联网产业奠基人之一张树新在公开场合说道："互联网将成为未来世界的自然载体，我们只是见到了未来的一角。IT行业与未来发展有极大的关系。正如 20 年前无法想象现在互联网的发展一样，未来互联网的发展也将会呈指数增长，对社会产生更多的冲击与影响。"

事实上，在互联网化的过程中，传统企业的前端更加灵活，它们可随时随地与用户交流，人性化体验更加便捷和丰富，后台功能也更加强大，各类行业的云服务更是层出不穷。价值研究（Value Research）将企业的发展过程大致分为以下阶段：第一阶段，离散——规范化管理；第二阶段，关联——精细化运营；第三阶段，融合——价值链整合；第四阶段，智能——业务持续创新发展。

相关数据显示，有 37％的企业经营者坦承，自己经营的企业依旧处在第一阶段；有 31％的企业经营者认为，自己经营的企业已经进入第二阶段；29％的企业经营者认为，自己经营的企业处在第三阶段；只有 3％的企业经营者认为，自己的企业处在第四阶段（见图 1-2-1）。

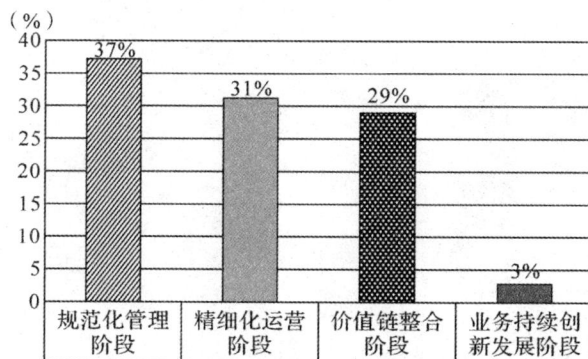

图 1-2-1　中国企业经营者自我认可的企业发展阶段

按照企业的发展路径,信息技术的发展路径也分为四个阶段:第一阶段,业务支持;第二阶段,服务;第三阶段,合作;第四阶段,驱动业务。

调查数据显示,只有 14% 的企业经营者认为,IT 扮演着企业业务驱动力量的角色,另有 15% 认为 IT 是业务部门的合作伙伴,37% 认为 IT 完全服务于业务部门,仍然有 34% 的企业认为 IT 处在对业务部门的支持阶段(见图 1-2-2)。①

从上述数据可以看出,中国企业的信息化程度依然很低。对此,中国南方航空公司总信息师胡臣杰在接受媒体采访时说道:"必须要超越客户的期望,而且作为 IT 人,我们要做的工作更多的是关注企业的战略,站在更高的高度上,站在整个产业链的高度上,站在整个超越日常业务流程的高度上,思考信息化以及 IT 技术如何才能推动企业的变革和发展。"

在胡臣杰看来,站在整个产业链高度上思考信息技术,才能有效地推动传统企业的变革和发展。的确,在互联网时代,渠道模式的改变使得传统营销失去了原有的威力。比如,众多的奶粉企业开始闪电突击电商,有效地把互联网思维发挥到极致,在这些传统奶粉企业看来,得电商渠道者

---

① 秦丽. 企业信息化的二次革命[J]. 商业价值,2012(9).

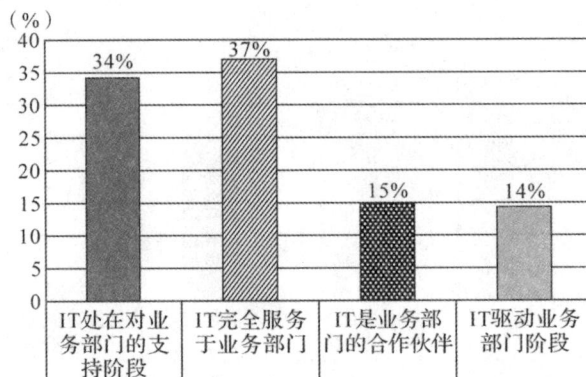

图 1-2-2　中国企业经营者自我认可的 IT 在业务部门的位置

必得天下。

　　不可否认的是，传统奶粉企业之所以看中电商渠道模式，是因为该渠道模式拥有便捷性和成本低廉等诸多优势。正是因为如此，传统奶粉企业正在迅速地改变中国奶粉市场的格局。

　　据 AC 尼尔森的数据显示，2013 年奶粉通过电商渠道的销售取得了不俗业绩，其销售额增长的速度竟然超过 50％，电商渠道所占奶粉市场的份额已达 22％。电商渠道已经成为名副其实的奶粉销售主阵地。在这样的背景下，作为传统的奶粉企业，只有最彻底地拥抱互联网时代，才有赢得百亿元规模奶粉市场份额的机会。

　　尽管如此，日本明治奶粉却在 2013 年 10 月悄然告别中国市场，成为互联网时代背景下最先倒下的知名奶粉企业之一。

　　2013 年 10 月，对于日本明治奶粉来说可谓是一个黑色的十月，在欧美奶粉企业积极备战中国每年超过 400 亿元的婴幼儿奶粉市场时，日本明治奶粉经营者居然以选择退出中国市场作为自己的告别仪式。

　　2013 年 10 月 24 日，日本明治乳业总部对外发布信息确认，明治乳业暂时全面退出中国的奶粉市场。

　　其实，明治奶粉退出中国市场的迹象早已是公开的秘密。从 2013 年春节开始,明治退出中国市场几乎就已经确定。据明治奶粉经销商介绍:"春节后,明治就不再允许经销商做进一步的市场拓展,发货也是有一搭没一搭。我们就知道明治不准备在中国继续玩下去了。"

该经销商非常清楚,明治奶粉败退中国市场几乎将是必然的结果。"在中国市场,你必须学会高举高打,重金投入,现在奶粉市场就是这样,你敢加大投入大家就陪你一起赌,众人拾柴火焰高嘛,你自己都不敢下重注,谁敢陪你玩?"

据资料数据显示,1997 年,明治株式会社进入中国市场,直到 2007 年,明治株式会社才在中国设立了明治乳业贸易(上海)有限公司,涉足中国乳制品市场,此时距离其进入中国市场已经 10 年了。2013 年 10 月,明治奶粉方面称,明治旗下婴幼儿奶粉产品,包括明治珍爱儿、明治珍爱宝、明治珍爱童、明治珍爱妈妈系列,在 2013 年 10 月 25 日以后,上述产品的库存在售完后不再向经销商补货。在这之前,明治早就把多地的销售端给撤掉了,也不给开发费用了。

对于明治奶粉的溃败原因,多位乳业人士认为,"欧美厂家都在疯狂地砸钱圈地,明治费用投入少,而且只将重心放在华东市场"。

日本明治乳业总部给出的解释是:"中国奶粉市场竞争激烈,同时随着奶粉生产成本上涨,明治在中国市场的利益难以提升。"

时任普天盛道董事长雷永军对明治奶粉败退的分析较为理性和客观,雷永军说:"我刚去广东做调研,发现明治奶粉在广东主要走的是 KA(重点客户)渠道(如营业面积大、客流量大的大型连锁门店),这类渠道费用极为昂贵,但是明治的销量却很小,这说明明治每年都在亏损,拖得越久就亏得越多。"

一些经销商毫不掩饰地坦言,中日关系的不稳定,导致一些日本企业在中国市场的战略犹豫不决,战略性资金投入也大大减少。一些经销商说:"这几年中国奶粉市场在疯狂增长,欧美厂家都在疯狂地砸钱圈地,明治费用投入少,而且只将重心放在上海、江苏、浙江三地的华东市场,业绩不佳是自然的事。"

的确，在中国市场，奶粉常规的销售渠道主要有三类：第一，以沃尔玛、家乐福等大卖场为主的 KA 渠道，此类渠道销售费用最高，进入者大都是中外一线品牌，那些自诩"高大上"的洋奶粉最热衷此类渠道；第二，母婴店渠道，此类渠道已成为中小奶粉品牌的市场抢占之地；第三，电商渠道，随着电子商务的普及，越来越多的新品牌和小品牌更加偏爱此类渠道。

一位熟悉明治的乳业人士在接受媒体采访时说道："明治这么多年来一直走的是大区域代理路线，自身没有什么销售团队，全靠经销商运营，又不如欧美品牌有穿透力，要赢得市场谈何容易。虽然明治给的毛利和其他洋品牌差不多，但是除此以外，没有其他更多投入了，不派人也不投广告，缺乏促销推广。"

2013 年 10 月 25 日的《21 世纪经济报道》的数据显示，明治奶粉的推广费用很低，没有广告费用，也缺乏促销推广（见图 1-2-3）。

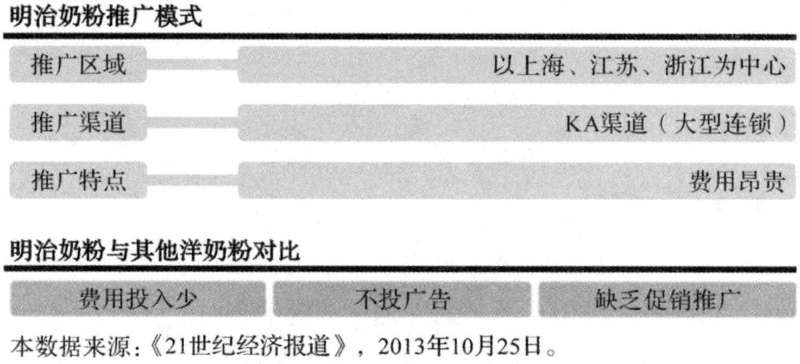

明治奶粉推广模式

推广区域	以上海、江苏、浙江为中心
推广渠道	KA渠道（大型连锁）
推广特点	费用昂贵

明治奶粉与其他洋奶粉对比

费用投入少	不投广告	缺乏促销推广

本数据来源：《21世纪经济报道》，2013年10月25日。

图 1-2-3　明治奶粉的推广模式和与其他洋奶粉的对比

京东商城上的一组数据也说明了很多问题。雅培奶粉的消费购买评价有 6 万余次，而明治仅为 77 次。2010 年，日本发生大规模口蹄疫，明治奶粉一度被禁，而后又遭遇日本福岛核泄漏辐射危机事件。为了能重返中国市场，明治将原产地从日本改为澳大利亚，但一些明治的忠实拥趸追捧的正是日本的原产地因素，而非澳洲产地，这让明治遭遇了双重打击。

让明治奶粉走上穷途末路的是，为了规范奶粉市场，2013 年 5 月，国家发改委对包括明治在内的知名奶粉企业展开反垄断调查。尽管明治奶粉由于"积极配合调查"而没有遭到处罚，但是明治不得不对旗下的珍爱系列四个单品奶粉进行降价销售，其降价幅度为 3%～7%，并承诺在今后两年内以此优惠价格供应中国市场。

乳业圈内一位实业人士为此评论说："明治或许感受到，中国市场上'规范'外资行为的力量在增强。就在明治对中国市场犹豫不决之时，这可能是压倒骆驼的最后一根稻草。"

笔者非常认同该实业人士的观点，"规范"外资行为不过是一根导火索而已。从 2013 年 6 月开始至 2013 年 7 月，不管是线上还是线下，婴幼儿奶粉的价格都在全面松动。在很多传统的零售渠道，如大型商超、母婴店，各种名目的促销优惠活动正在如火如荼地持续不断进行着，不少奶粉的降幅竟然在 38% 以上。

在国内各大电商渠道上，如天猫、京东等电商平台，年中的促销活动更是激烈，国内外奶粉品牌都在争相降价促销，把奶粉价格压到了 200 元/罐以下。在这样的背景下，奶粉价格进入了下行通道，这在奶粉行业中已成共识。面对这一切，明治奶粉却没能采取任何有效的应对措施。

在互联网思维下，互联网化已经成为各行各业的新常态。互联网思维的魔力非常巨大，其能让一个又一个传统行业竞相折腰的根源就是抓住了消费者的核心诉求。在这场互联网化的过程中，君乐宝婴幼儿配方奶粉以 130 元/罐的低价颠覆性入市，从而拉响了奶粉的价格战。正如小米对手机行业的颠覆，君乐宝奶粉在奶粉市场引发的"鲇鱼效应"已见成效，其 130 元/罐的价格已经成为奶粉市场的价格拐点。婴幼儿奶粉，正在成为下一个被互联网思维颠覆的传统行业。

反观明治的失败，由于日企本身的傲慢与偏见，在互联网化的今天，其依然摈弃互联网，败退中国也就理所当然了。在中国奶粉市场，传统的线下渠道销售仍然占据近 40% 的市场份额，其中各方的利益纠葛呈现出盘根错节的问题。为了更好地激活互联网和传统零售渠道，很多品牌奶粉企业尽管保持线上线下统一的销售价格，但却是雷声大、雨点小，消费者并未真正地享受到实惠。

在"三聚氰胺事件"之后，中国奶粉集体沦陷，为了夺回被跨国品牌企业抢占的市场，君乐宝奶粉展开新一轮的攻坚战，以激发互联网思维的活力，开启自己的营销攻略。与其他跨国奶粉品牌对互联网欲迎还拒不同，君乐宝奶粉从一开始就选择了互联网渠道，即100％采用线上渠道销售，这种破釜沉舟式的思维革命率先打破了中国奶粉市场的高价现状，进而引发了奶粉全行业的蝴蝶效应。

此前，君乐宝乳业奶粉事业部总经理刘森淼曾公开称："两年内倒逼整个行业降价，实现国内奶粉价格理性回归。"从当时的市场表现来看，这一豪言有望提前兑现。① 可以说，正是在互联网思维的基础之上，传统企业开启了以互联网思维制胜的引擎。

---

① 周斌,叶彬彬.君乐宝互联网思维引爆奶粉降价潮［N］.长沙晚报,2014-07-10.

第3章 互联网时代的好思维、坏思维

在当下的互联网思潮背景下,对于成千上万的传统企业而言,无疑是既充满机会又充满挑战的。因为互联网浪潮正以无可阻挡的势头渗透、改变甚至颠覆着传统行业,而且这样的势头非常迅速和深刻。正如百度创始人李彦宏所说:"中国互联网正在加速淘汰传统产业,每一个产业现在都面临互联网的冲击。"

在李彦宏看来,中国互联网正在加速淘汰传统产业已经成为不争的事实,问题只是传统企业经营者将如何利用互联网思维。由于在互联网时代,不管是消费者群体、商业模式还是销售渠道,都有巨大改变,在这样的背景下,互联网时代的好思维、坏思维就成为传统企业能否突破转型瓶颈的关键。

01 价格战并非放之四海而皆准

在今天的互联网时代,对于很多传统企业的经营者来说,不仅需要摈弃根深蒂固的传统营销思维,同时还必须接纳互联网时代的消费者购物习惯等销售信息。这是因为,互联网已经全面改变了传统的企业产品生产和销售模式。

然而，遗憾的是，很多传统企业的经营者都热衷于价格战。不可否认，中国传统企业热衷于价格战有其历史背景，但是仅仅凭借价格战来与竞争对手长久对抗，则无疑是一条死路。

由于竞争过于激烈，一些商家为了与竞争对手进行激烈的价格竞争，不惜以低于成本的价格销售产品，借以扩大市场份额，甚至将对手挤出市场。

一些企业急功近利，目光短浅，试图简单用价格战来实现自己的利润增长。殊不知，这样的行为实际上是"伤敌一千，自损八百"的做法。

客观地讲，20世纪80年代末期和90年代早期，由于日本和韩国家电品牌在中国市场所向披靡，中国家电企业不管是实力还是营销战略，都比不过日韩家电企业。为了打败日韩家电企业，中国家电企业纷纷采取了价格战，结果也收回了日韩家电企业一度称霸的家电市场。

中国企业为什么钟情于低价竞争呢？原因如表1-3-1所示。

表1-3-1　中国企业采用价格战的三个原因

原因	说　明
(1)	由于企业的人力成本低，这就为价格战提供了足够的空间。据资料显示，中国企业的人力成本只有美国企业的1/10
(2)	在20世纪80年代至21世纪初，由于中国的消费者，特别是偏远的农村消费者，还不富有，这就为价格战的实施提供了广阔的市场
(3)	中国企业在研发、管理等其他能力上不如国外跨国企业，价格战是一个好的竞争手段

在2000年以后，中国日化洗涤用品企业、手机企业、饮料企业等同样利用价格战，一度使得曾经在中国市场大行其道的外国企业不得不向中国企业越来越多地让出其所占领的市场。

价格战的硝烟又出现在空调业、汽车业、电信业、软件业，以及其他众多的传统产业的战场上。

在中国，此起彼伏的价格大战让空调产品也未能幸免。2000年4月，空调销售旺季前夕,空调行业突然爆发了自 1995 年以来的第二场价格战。这场价格战持续了整整 3 年:海信以"工薪变频"为促销活动的降价成为导火索,其后春兰、科龙、乐华、奥克斯等空调品牌也加入价格战;为了保住市场份额,海尔、美的也不得不在某些型号的空调机上贴出打折标签。海尔、美的的加入,使得价格战的烽火更加惨烈,甚至一度蔓延到国际市场上。

面对来势汹汹的价格战,董明珠在接受记者采访时却旗帜鲜明地表示:"格力空调不会参与价格战。"

在格力电器的营销中,格力空调也的确是这样做的。董明珠不参与价格战的理由是,在价格战上,格力电器既不会盲目跟风,也不会做价格战的领头羊。不过,格力电器会根据自身的规模、通过技术创新和管理创新来降低成本,把下降的成本让利给消费者,从而实现消费者能买到物美价廉的产品,而格力电器又提升了销售业绩的双赢局面。

对此,董明珠认为,"没有亏损的行业,只有亏损的企业,任何一个企业在竞争中靠亏损、靠亏几亿元来打赢市场,都是对社会与企业本身的不负责任"。

在格力电器释放出不参与价格战的信号之后,几个大品牌企业均未贸然降低空调的价格。尽管空调市场的价格整体在下降,但是却避免了像当年彩电那样完全失去理性的恶性价格战。

不过,格力电器不参与价格战,也付出了错过此阶段高速增长的代价。从 2000 年以来,格力电器的销售额均保持了 20% 以上的高速增长,在价格战硝烟弥漫的 2001 年和 2002 年,格力电器的销售增幅只有 7%;不仅如此,格力电器的出口增幅也从 1999 年的 70.7%,在 2000 年降至 27.23%,2001 年降至 16%,2002 年降至 7% 的最低点。

尽管格力电器为不参与价格战付出了代价,却推动了中国空调行业的健康、有序、良性发展,这对格力电器、竞争对手和消费者来说,都是一种负责任的做法。在董明珠看来,格力电器付出的代价是值得的。

对此,有研究者撰文指出,格力电器在这场价格战中发挥了中流砥柱的作用，是格力让中国空调行业避免了一场灾难，没有重蹈彩电业几大巨头价格战后从此一蹶不振的覆辙。

2014年1月20日，格力电器发布2013年度业绩快报。公告显示，2013年公司实现营业总收入1200.3亿元，同比增长19.90％；2013年度归属于上市公司股东的净利润为1081349万元，同比增长了46.53％，基本每股收益3.6元，同比增长45.75％。

这组数据说明，格力电器是一家卓越的企业，在格力电器的发展路径中，实施专业化战略，始终坚持以过硬的产品质量、领先的技术性能、完善周到的服务，来赢得消费者和市场的认可。

据媒体披露，格力电器至今已开发出包括家用空调、家庭中央空调和商用中央空调在内的20大类、100多个系列、3000多个品种规格的产品，空调品种规格之多、系列之齐全居全国同行首位。

与格力电器相反的是，很多传统企业因过于迷信价格战，试图一直使用低价竞争来攻城略池，甚至还有一些中国企业家把价格战作为在全球市场竞争中无往而不胜的利器。其实，这样的思维是大错特错的。

2012年5月16日，在空调旺季来临之前，北京苏宁向媒体发布了降价促销信息。不仅如此，苏宁还联合美的、海尔、海信等主流空调厂商进行降价，此举意图通过价格战来激活低迷的空调市场，其中，1P(匹)变频挂机的价格跌破了2000元。

不过，空调营收排名第一的格力电器并没有参与此番价格战。对此，格力电器董事长董明珠表示，格力电器不会参与价格战，在2012年3月，格力电器的库存处在合理水平。尽管客观地讲，在中国空调市场上，作为目前唯一的专业空调厂商，格力电器是最有资本打价格战的。

董明珠曾坦言，如果她要打价格战，就不是上任后才打价格战，而是在当销售副总时就打价格战了。因为当时董明珠的位置只需要考虑良好的销售成绩，并没有责任去考虑整个企业的长远发展。董明珠当上总经理后，必须对整个企业和所有员工负责，正是因为这些责任，董明珠更不会轻易地挑起价格战。不过董明珠也表示,格力会根据公司自身的效益和所设定的目标,制定出格力产品的合理价位。

业内专家于刚撰文指出,价格战是弊大于利的做法。虽然价格战吸引了大众的眼球,促进了产品销售,但通过价格战来达到这些目的,是杀鸡取卵,饮鸩止渴,以牺牲长久利益而换得了短期利益的行为。[①]

这样的观点是与格力电器董事长董明珠相一致的。董明珠认为,很多企业急功近利,目光比较短浅,简单用价格战,或者是通过跟渠道之间做一个交易,来实现自己的利润目标。

在董明珠看来,价格战不过是中国家电企业抢占市场的一个惯用手段而已。不仅如此,作为格力电器董事长的董明珠,对价格战颇为不屑,她坦言:"格力电器已经抛弃了大卖场,选择符合格力气质的渠道;对于价格战,格力则离开了更久的时间。"

02 互联网时代,传统企业必须应需而变

在互联网时代,传统企业的经营者不得不接受一个事实,那就是正在通过互联网重构当下经济社会的商业模式和消费者需求结构。在这样的背景下,传统消费行业的传统企业,甚至是电子商务、生物、能源等新兴行业的企业,均必须借助互联网的红利,才能赢得未来。互联网时代,传统企业必须应需而变。否则,它们将很快在新一轮的竞争中被淘汰出局。

然而,遗憾的是,在互联网重构商业模式和消费者结构的当下,很多传统企业却依旧在炒作产品的概念。殊不知,在互联网时代,炒作产品概念早已过时。20 世纪 90 年代,由于中国正处在计划经济到市场经济的转型期,这就给一些炒作产品概念的所谓"大师们"提供了一个千年难逢的机会。

---

① 于刚. 价格战的利弊反思[J]. 福布斯(中文版),2012(10).

当我们梳理 20 世纪 90 年代的很多商业案例时,点子大王式的营销策划总能成为营销领域的神话,而这些神话的书写者们却没有很多真正的一系列核心产品,有的不过是一款产品之后就销声匿迹。这样的营销故事至今还在影响一部分传统企业的经营者,他们总是试图能用某些"一招鲜"的营销手法来造就企业神话。但是在互联网时代的当下,这样的做法显然是不可能取得企业长足发展的。

不可否认,在 20 世纪 90 年代,一部分传统企业在"一招鲜"的策划和产品炒作中确实取得了一时的胜利和辉煌。然而,在取得辉煌战绩的同时,也是企业陨落之时,这些昙花一现的品牌有秦池、爱多、三株、太阳神,等等。这些传统企业从默默无闻到灿烂夺目,再到黯淡无光,也不过短短几年的时间。如今再回头审视这些企业,当年占据媒体每一个角落的"英雄企业"却已所剩无几。

究其原因在于,这些传统企业没有注重产品的研发、危机公关的管理、企业品牌的塑造等,最终只落得像流星般快速陨落。尽管不乏短暂的神话,但这些绝不是打造一个百年老店的经营之道。

研究发现,策划之所以让无数的企业落入深渊,主要是因为任何单以玩命打广告炒作的方式获取市场份额的做法都是难以持久的,这种炒作的行为缺乏长远的战略规划,只是投机式的鼠目寸光的做法。

对于很多传统企业的经营者而言,他们迷恋策划的一个重要原因是,以为这样就可以说服消费者,甚至在某些广告中充斥着"××大王"、"全国最大"、"全球首创"等低级幼稚的宣传语言。

其实,在不少传统企业经营者的自我描述中出现如此荒唐的"自我分封"的宣传语言,无异于典型的"占山为王"的土匪文化的具体表现。正是大多数传统企业经营者这种好大喜功的心理,才形成了"行业排行榜"现象,大家互相攀比、争相花钱去买"榜名"。

在传统企业的发展过程中,企业经营者应该是实实在在的实干家,不能想当然地"自我分封"。否则,其结果必然是既毁了创业者自己,也毁了企业好不容易积累起来的声誉。

在中央电视台财经频道《赢在中国》第二赛季晋级篇第九场中,阿里巴巴创始人马云告诫创业选手李宗恩说:"概念到今天这个时代已经不能卖钱了。"

据《赢在中国》栏目组的资料介绍:李宗恩,男,硕士,工商管理专业,其参赛项目是"Web 3.0:新一代的网路"。Web 3.0 是一个全新的概念,有望改变原有的使用者互动模式,打破知识内容和广告的界限,使新的商业模式产生很大的实际经济效益,也为营运本身带来获利。

在节目中,作为创业评委的熊晓鸽发问说:"李宗恩,你解释一下什么叫 Web 2.0。"

李宗恩的解释是:"相当于 YouTube,今天阿里巴巴的网站不会说我李宗恩上去把它改掉,不会改内容,不会加内容,Web 2.0 是互动的,消费者自己改。YouTube 有一百多万使用者,大家可以把东西加到上面去,大家可以交流,这是一个互动的模式。1.0 就是单向的,像阿里巴巴网站以一个公司为主导,不管使用者有多少互动,互动本身却要由公司指导。

"……像 YouTube,它基本上不会改内容。最大问题就是 2.0 没有代表真实社会中的经济行为,经济行为不会有一百万人在城市里交易,这是 2.0 最大的问题。3.0 就是经济实体,它实际上代表很多个人的经济行为,组成一个公司,所以把真实经济学家在现实生活中的行为模式带到网络上来,这样才能把虚拟世界和真实世界结合在一起,这也就是为什么大部分 2.0 不赚钱。Google 收购了 YouTube,到今天还是赔钱,本身那部分还是赔钱,Google 买它还有其他原因。一个单独的 Web 2.0 公司是没有办法赚钱的,没有必要建一个 2.0 的公司。"

马云问道:"世界上还有哪家公司做出真正的 3.0?"

李宗恩坦言:"现在没有,基本上 Microsoft 在中国研制出来,比如说小布什查某个事情,50%的人认为他是傻瓜。现实生活中的问题拿到网上搜寻。"

马云继续问："我还有一个问题，阿里巴巴是1.0，你用过阿里巴巴没有？"

李宗恩回答说："我想我还是不要评论，我可能对阿里巴巴不清楚，我知道B2B（business to business，企业到企业的电子商务模式），现在阿里巴巴没有YouTube的方式吧，1.0、2.0只是一个指标，只是讨论用的。在价值以外，如果价值大家都可以创造出来，那也没用。"

马云继续追问："所以我很好奇你的1.0、2.0、3.0，对于阿里巴巴我不在乎几点零的版，我们必须为客户创造价值，对客户有用，哪怕Web 0.1也无所谓。我没听清楚你想干什么，我们投钱，你怎么给股东赚钱？你担心我们抄袭你，还是我们一看就知道这不是真的东西。"

李宗恩："这个公司等于帮大公司做一种洗脑式的广告，实际不是广告，就是影响消费者行为。比如卖化妆品，不是卖化妆品，而是教你化妆方式。抄袭我不怕，你看得出来破绽，我也认，我想是没有破绽的。我本来想要不要接这家公司CEO，如果你告诉我不行，钱不用投进去，那我人也不用去。"

最后，马云对李宗恩点评说："34号（李宗恩），我可能会讲得比较重一点，我觉得你是我最担心的，刚才我挺担心观众选你，幸亏差了一票。为什么这么讲？我想跟你探讨一下，其实最聪明的人永远相信别人比自己聪明，聪明是智慧的天敌，自认为很聪明的人，很难成为智者。所以我觉得创业者永远要把你的股东、把你的团队想得比自己聪明，因为他们基本上都知道。我的感觉，你的整个故事，你刚才讲到你跑过很多VC（风险投资），大家都没给你钱，但是我必须告诉你真话，因为你讲的很多是概念，概念到今天这个时代已经不能卖钱了，它必须变成具体的东西，哪怕很小，很具体，很细节，大家都会欣赏。所以我觉得，不管出于何种目的，必须把自己的计划说得清清楚楚，大家都能听懂。也许我的智商比较低，没听懂，如果还有很多人没听懂，问题肯定出在你身上，而不是别人身上，所以这是我给你的一个建议，希望你记住。如果你按现有的套路出去讲一百次，还不给你钱，因为大家觉得你的东西不是不好，而是听不懂。"

在马云看来，概念之所以到今天这个时代已经不能卖钱了，是因为它必须变成具体的东西，哪怕很小，很具体，很细节。对此，马云坦言："20 世纪 80 年代挣钱靠勇气，20 世纪 90 年代靠关系，现在必须靠知识能力。"

在很多公开场合下，马云都忠告创业者说："创意要随市场而动。"在一些创业者看来，三五个年轻人，几台服务器，将创意理念付诸文字、图片和视频，互联网靠上广告创意，这几乎一直是令人艳羡的"淘金模式"。但大大小小的相似企业层出不穷，互联网广告业务的"红海"里初出茅庐的年轻创业者往往会遭遇"创意"与"世俗"的激烈碰撞。[①]

一些年轻创业者认为，他们是中国互联网创意产业的未来。尽管如此，一旦创意变成"一招鲜"式的创业模式时，这样的创业者肯定会遭遇失败。

马云告诫那些"一招鲜"式的创业者说："用什么样的创意，这是你们自己的问题，跟别人一点关系都没有。外界永远有不同的声音，即使你做得再好，也会有人不认可。"

马云坦言，没有人可以改变别人的创意，只有自己、只有市场、只有客户能够改变。但是，在当前的市场环境下，正如马云所说："再好的创意，没人用，那就是瞎掰。"

马云的观点是很有代表性的，在当下的互联网时代，消费者获取信息途径的改变，无疑会促使传统企业转向研究用户的心理。不过，互联网时代为传统企业研究用户提供了较好的机会。因为传统企业可以有效地通过互联网来思考和了解用户的心理，而且方式也多种多样，如创建一个网络社区，让用户参与某款产品的研发，或者创建电商渠道平台，分析用户选择何种产品，等等。传统企业这样做的深层次的因素还是用户。这其实是互联网时代的巨大改变之一，也是互联网潜在的巨大价值所在。

---

① 张绪旺. 马云：创意要随市场而动[N]. 北京商报，2010-06-30.

在互联网时代，"客户"和"用户"是有区别的两个群体。传统的"客户第一"思维已经悄然发生改变，当然，并不是说在互联网时代客户就不重要，而是说传统企业未弄清楚用户的消费行为，就意味着还没有找到属于自己的客户。

为了更好地与用户互动，连互联网企业也无一例外地投入大量精力去研究用户和服务用户，甚至在没有自己的盈利产品时就会先推出吸引用户的"馅饼"。比如腾讯用 QQ 吸引用户，360 用免费杀毒软件吸引用户，因为有了用户自然就会有客户。①

正是因为重视用户，才催生了互联网和互联网思维下举不胜举的、吸引用户眼球的、具有创意的引爆点的营销神话。不过，传统企业经营者必须注意的是，这些神话是建立在对的时间做了对的事情的基础之上的。正如小米手机创始人雷军所言："站在风口上，猪都会飞起来。"然而，不是每个企业都能找到风口，即便找到风口，飞起来之后，也不能保证不会掉下来，商业的创新需要更多一些理性的思考。②因此，在互联网时代，传统企业只有应需而变，才能真正挖掘到互联网这座金矿。

03 这个时代属于具有互联网思维的企业

在互联网时代的当下，互联网对传统行业的影响超乎人们的想象。即使在互联网领域，传统的互联网产品也正在转移阵地，逐步转移到移动终端。移动互联网产品已悄然变得越来越多样化，服务越来越精细化，正在逐步改变人们的生活。③

2014 年 7 月 21 日，根据中国互联网络信息中心（CNNIC）发布的第 34 次《中国互联网络发展状况统计报告》显示，截至 2014 年 6 月，我国手机网

---

①②③　姬万里.洞见:互联网时代,我们能做什么[N].经济视点报,2014-03-27.

民规模达 5.27 亿,较 2013 年年底增加 2699 万人。网民中使用手机上网的人群占比进一步上升,由 2013 年的 81.0% 上升至 83.4%,手机网民规模首次超越传统 PC 网民规模(见图 1-3-1)。[①]

■手机网民规模　—■—手机网民占全体网民比例

图 1-3-1　2010.6—2014.6 中国手机网民规模及其占网民比例

该报告还显示,截至 2014 年 6 月,我国网络购物用户规模达到 3.32 亿,较 2013 年年底增加 2962 万人,半年度增长率为 9.8%。与 2013 年 12 月相比,我国网民使用网络购物的比例从 48.9% 上升至 52.5%。与此同时,随着智能手机的普及,手机购物在移动商务市场发展迅速,用户规模达到 2.05 亿,半年度增长率为 42%,是网络购物市场整体用户规模增长速度的 4.3 倍,手机购物的使用比例由 28.9% 上升至 38.9%。[②]

在移动营销、移动搜索、手机网络新闻等市场占有率方面,手机网络应用的市场份额也在逐步增加(见表 1-3-2)。[③]

①②③　中国互联网络信息中心. 第 34 次《中国互联网络发展状况统计报告》[D].
2014-07-21.

表 1-3-2　2013.12—2014.6 中国网民各类手机网络应用的使用率

应用	2014 年 6 月		2013 年 12 月		
	用户规模（万）	网民使用率（%）	用户规模（万）	网民使用率（%）	半年增长率（%）
手机即时通信	45921	87.1	43079	86.1	6.6
手机搜索	40583	77.0	36503	73.0	11.2
手机网络新闻	39087	74.2	36651	73.3	6.6
手机网络音乐	35462	67.3	29104	58.2	21.8
手机网络视频	29378	55.7	24669	49.3	19.1
手机网络游戏	25182	47.8	21535	43.1	16.9
手机网络文学	22211	42.1	20228	40.5	9.8
手机网上支付	20509	38.9	12548	25.1	63.4
手机网络购物	20499	38.9	14440	28.9	42.0
手机微博	18851	35.8	19645	39.3	−4.0
手机网上银行	18316	34.8	11713	23.4	56.4
手机邮件	14827	28.1	12714	25.4	16.6
手机社交网站	13387	25.4	15430	30.9	−13.2
手机团购	10220	19.4	8146	16.3	25.5
手机旅行预订	7537	14.3	4557	9.1	65.4
手机论坛	6890	13.1	5535	11.1	24.5

　　从表 1-3-2 中国网民各类手机网络应用的使用率不难看出互联网时代的繁荣景象。正如阿里巴巴创始人马云所言："传统企业对互联网模式往往先是看不见，然后看不起，最后来不及。"在互联网大潮中，小米的快速成长印证了雷军互联网思维的成功。用互联网武装传统企业是大势所趋，所有企业都无法阻挡。但是，在传统企业的转型升级中，向互联网的转型不

是简单的电商化,更重要的是如何正确认识并运用好互联网思维。①

　　例如,2013 年"双十一节"当天,电商高达 350 亿元的交易额让传统企业无比汗颜;拥有 6 亿用户的微信也给草根创业者们带来更多想象,尤其是微信公众平台的高速增长带来了巨大的商机,微信的第三方开发商也如火如荼,成为投资的热门首选。②这些行业的火爆和不错的业绩足以说明这个时代属于具有互联网思维的企业,那些故步自封和抵制互联网的传统企业无疑是在自寻死路。

---

　　①②　姬万里.洞见:互联网时代,我们能做什么[N].经济视点报,2014-03-27.

第4章　传统企业的转型危机

在当下的互联网时代，大数据犹如宇宙星系一般爆发出来，传统企业曾经的信息不对称壁垒已经被打碎了，新兴的商业创新模式在激活目前的大商业时代。传统企业在这样的浪潮下迎来了变革的曙光，但在光芒万丈的霞光背后，传统企业同时也面临着尤为艰巨的互联网转型。

在这样的大变革镀金时代，传统企业如何利用新思维实现向互联网转型？到底何种思维才是真正的互联网思维？传统企业怎样才能不做"夕阳产业"？……要想成功地迈向互联网转型，这一系列的命题已经横亘在传统企业经营者的面前。

01 中国移动的互联网转型

作为传统企业代表的中国移动，也不得不放下身段，开启互联网引擎。为了对抗微信等OTT服务，中国移动被动地推出了融合通信（RCS）服务。尽管中国移动董事长奚国华称"OTT与运营商是'鱼和水'的共生关系"，但是互联网大潮正在拍打中国移动的大门已经是板上钉钉的事情。OTT是英文"over the top"的缩写，是指通过互联网向用户提供各种应用服务。

目前,典型的 OTT 业务有互联网电视业务,苹果应用商店,等等。

在奚国华看来,移动互联网的高速发展正在颠覆很多传统企业的业务经营,当然也包括中国移动。在这样的背景下,中国移动被动地推出融合通信服务已是大势所趋。

奚国华坦言:"技术的进步是不可逆的,运营商的传统业务正在被颠覆,但是运营商也在积极转型。"

在这场被动的转型过程中,中国移动这头大象也在积极地探索。奚国华明确地说:"很明显,话音业务已经走到头了。"

根据中国电信的数据显示,2015 年除夕短信峰值业务量与 2014 年同比下降 31.97%,中国联通除夕当天的短信业务量为 10.7 亿条,同比也有所下滑。尽管中国移动没有公布除夕短信业务量,但可以肯定的是,在微信、微博等移动互联网的冲击下,短信业务下滑也是情理之中的事。

事实上,最近几年的短信业务量依旧保持下降趋势,不单单是春节拜年短信的减少,即使在非节假日,越来越多的用户也开始使用微信和 QQ 作为通信方式。这或许是互联网技术的一大进步,同时也是短信业务的陨落宿命。据相关数据显示,2000 年中国手机短信量突破 10 亿条;2001 年达到 189 亿条;2004 年,飞涨到 900 亿条;2012 年全国移动短信发送量达到 8973.1 亿条。不过,也正是从那个时候开始,短信业务快速走上了衰落之路。[①]

从这组数据可以看出,奚国华的忧虑是有道理的。在当下的互联网时代,微信、易信等互联网颠覆性产品如雨后春笋般出现。中国移动正处在语音经营向流量经营的转变过程中,而传统运营商除了做好智能管道外,

---

① 新浪科技. 短信已没落 红包更新潮 除夕短信下降超三成[EB/OL]. http://tech. sina. com. cn/t/2015-02-23/doc-icczmvun6240446. shtml? cre=sinapc&mod=g&loc=33&r=h&rfunc=-1,2015-02-23.

还应在未来的数字化服务当中占据一席之地。^① 因此，奚国华不得不寻找新的突破点。奚国华说："在移动互联网的大潮下，我们正在寻找新的突破，即流量经营，所以中国移动要大力推动 4G 的发展。"

中国移动在互联网转型中不得不向互联网靠近。正如中国移动总裁李跃在 2014 年 12 月介绍的那样："这其中，中移动即将推出的融合通信服务，以及在线服务公司、咪咕科技公司和互联网公司的成立，都是出于这样的战略考量。"中国移动成立在线服务公司、咪咕科技公司和互联网公司等专业服务公司，都是其旨在互联网内容上寻求突破点的主要载体。

在这里，我们以备受关注的咪咕公司为例，咪咕公司就是中国移动旗下负责互联网内容运营的主要载体，面向音乐、视频、阅读、游戏、动漫等内容领域运营，是中国移动负责数字内容领域产品运营和服务一体的专业子公司。^②奚国华把咪咕公司定位为，通过与内容合作伙伴的收入分成，实现千亿元的营收目标的公司。

由此可见，奚国华对咪咕公司的期望非常殷切。其实这样的心情是可以理解的，奚国华的战略意图是把咪咕公司再造成下一个中国移动。据奚国华介绍，咪咕公司等专业公司，承载着"再造一个中移动"的历史使命。因此，奚国华坦言说："中国移动将赋予这些专业公司更灵活的机制体制和灵活性，允许外部资本注入并逐步推进专业公司的独立 IPO（首次公开募股）。"

当然，由于中国移动自身存在的体制问题，在传统的通信时代，中国移动自身的公司体制、机制在发展过程中都发挥了非常重要的作用。然而，这样的机制和体制很难有效应对互联网时代大潮的冲击。^③

为了更好地激活专业公司的竞争力，李跃介绍说："我们希望把专业公司的运营机制逐步与互联网公司接轨，用专业公司的运作方式，让中移动

---

①②③ 杨彬彬. 中移动发布融合通信手机：寻找互联网新入口 再造中移动[EB/OL]. http://tech. ifeng. com/a/20141219/40911852_0. shtml, 2014-12-19.

旗下的互联网基地业务发展壮大，最后纳入正常的发展轨道。"

众所周知，中国移动成立专业服务公司，其目的是在实现自身的战略转型，是中移动面向互联网、架构重组、组织创新、企业重构迈出的第一步。为此，资深研究专家阿里木撰文预测：未来，中国移动将成立更多的互联网内容专业公司，以提升集团公司的整体创新力与活力。

02 传统企业正在经历转型危机

从 2013 年以来，"转型"已经成为传统企业经营者的口头禅，关乎传统企业的兴衰和成败，甚至生与死。

在很多巨型企业中，即使凭借极佳的传统渠道和销售团队，年销售额过 10 亿元的传统企业，依旧在艰难地实施转型。在互联网的大潮下，不转型就意味着迟早要倒下。如手机巨头诺基亚，曾一度拥有全球顶尖的的企业文化、管理规范、专利创新，但是面对互联网巨浪袭来，在职业经理人踟蹰不前中，消失在茫茫的市场大海里。诺基亚的倒下，其实答案非常简单，拒绝互联网化，结果在职业经理人"特洛伊木马"的夹攻下，消费者就这样告别了诺基亚和成就它的时代。

像诺基亚一样因拒绝互联网化而倒下的传统企业举不胜举。为此，尚域企业战略转型咨询机构董事长郭成林分析说："对于企业，转型有两种。第一种，被迫转型。当问题集中到不能解决的时候，倒逼企业转型，这种转型成本是很大的，也是很痛苦的，但不动手术必定死亡。第二种转型，是预见式转型，是企业领导人的战略洞察能力超强，这种企业家是稀缺的，比如IBM 当年把 PC 业务卖给联想，就是在 PC 机快不值钱的时候提前卖了个高价，IBM 提前完成转型，非常成功，但这种企业家在全世界也是凤毛麟角。"

在郭成林看来，对于传统企业来说，不管是被迫转型还是预见式转型，都是在迎合时代发展的潮流。在寻求新的突破点。这样的传统企业往往能够成为百年企业。因此，传统企业的经营者们应牢记，像诺基亚这样曾风光无限的巨型传统企业，往往更不愿意割舍过去的成功与光荣，恋旧情节是人之常情，但商业是不能恋旧的。^①

长江实业(集团)有限公司及和记黄埔有限公司董事局主席李嘉诚曾经警告自己的儿子李泽钜、李泽楷说："绝对不能喜欢上任何一个行业或业务。往往动感情的时候，就是失败的开始。"

李嘉诚的告诫应使传统企业的经营者们警惕，那就是在危机重重的当下，拒绝互联网，迷恋旧时辉煌，无疑是把自己推向危险的悬崖。

最近几年，日企败退中国市场的新闻经常出现在媒体的头条上，如日本明治公司由于业绩不佳，不得不停止在中国的奶粉销售。其他行业的不少日本企业也在中国市场萎靡不振，很难翻身。中国虽然拥有13亿多人口的广阔市场，但由于各种原因，日本企业想获得成功却变得越来越难。^②

日企为什么频频在中国市场败退呢？笔者的答案是在日企领导者本身。

在中国改革开放初期，日本企业利用庞大的资金和相对先进的技术迅速占领了中国市场，日立、松下、索尼这样的日企品牌在20世纪80年代后期到21世纪初，在短短30年的时间内成为中国家喻户晓的品牌。

当然，这样的成绩也让日本企业经营者感到惊讶，因为中国市场上的技术从来都是二流的，甚至是别人淘汰的。在日本企业经营者的意识中，一流的技术留在日本，二流的技术和产品出口欧美，只有几乎淘汰的产品和技术才出口中国。

另外，日本企业经营者从来就戴着有色眼镜看中国消费者，尽管中国市场非常具有潜力，日本企业经营者却从未像对待欧美国家那样严肃对待

---

① 赵筱赟. 狼真的来了 明年中国每个行业都将洗牌[J]. 理财周刊,2014(11).

② 天涯网. 日华媒:日本企业为何在中国市场陷入苦战? ——日企东南亚败退中(转载)[EB/OL]. http://bbs. tianya. cn/post-worldlook-913920-1. shtml,2013-10-27.

中国市场。

　　这绝不是空穴来风,而是日本企业经营者已经或者正在做的事情。不可否认的是,在被誉为新常态初年的 2014 年,不仅仅是在华日企遭遇寒冬,中国本土传统企业,也仿佛面临多重危机。即使前几年发展良好的传统企业,也仿佛突然找不到前进的路标了。在这样的背景下,成千上万的传统企业正在谋划和布局转型。遗憾的是,在互联网大潮汹涌而来的时代,许多传统企业却不知道该如何去转型。

　　在转型的过程中,一些传统企业家拿出壮士断腕的勇气,果断地撤换一部分职业经理人,然后再引进一批年轻的职业经理人。但不管是撤换高管还是布局互联网,其风险都交织在传统企业转型的矛盾和痛苦之中。

　　之所以矛盾和痛苦,是因为在互联网背景下,无论什么行业,传统企业曾经的营销优势已经不复存在。当然,作为传统企业来说,如何找回如火如荼的发展之势,是它们最关心的问题,也是研究者们花大力气研究的命题所在。众所周知,互联网、移动互联网似乎一夜之间便席卷了所有行业,任何行业都不能置身事外。如今,做什么不与互联网扯上点关系,都不好意思开口。对于传统企业来说,不管愿不愿意承认,都到了必须转型的时刻,而且转型不以人的意志为转移,拥抱抑或背离,都将决定企业的未来。①

　　对此,雷军在接受《经济视点报》采访时坦言:"用互联网武装传统企业,这是大势所趋,是所有企业都拦不住的。但是在传统企业的转型升级中,我的建议是不要认为向互联网的转型是简单的电商化,更重要的是如何正确认识并运用好互联网思想。"

　　在雷军看来,互联网如同生活中的水和电一样,已经成为传统企业中必不可少的一种资源。在这样的背景下,传统企业必须选择互联网化,利用互联网有效地实现内外部的升级转型。如果今天不了解移动互联网,不掌握和未来结合的工具,未来就很可怕。新东方创始人俞敏洪就已感受到

----

　　①　姬万里.洞见:互联网时代,我们能做什么[N].经济视点报,2014-03-27.

了这种恐惧，所以直言宁可死在改革的路上，也不愿死在成功的基因里。[①]

03 借助互联网思维获得更多发展机会

传统企业虽然缺乏互联网的思维和意识，有很多历史包袱，但是一样可以轻装上阵。只不过，与互联网资源整合是新崛起的互联网企业所缺少的。不管是O2O，还是未来的OTO(online to offline，线上到线下)时代，实体店与互联网实现最好的结合，才是取胜之道。

这仅仅是互联网思维的一个方面。华为在2013年12月31日发布的一份名为《用趋势赢未来，数字化重构新商业》的行业趋势报告中断言：可以毫不夸张地说，互联网思维的核心就是用户思维，产品设计、极致用户体验和口碑传播等，都离不开用户的参与。但用户参与并不是简单的建设社区和论坛，而需要整个企业的管理模式、研发模式、技术架构等都适应这种新的模式。

事实上，"互联网打破信息不对称，使得信息更加透明化，用户获得更大的话语权。在新的形势下，要求企业在更高层面上来实现'以客户为中心'，不是简单地听取客户需求、解决客户的问题，更重要的是让客户参与到商业链条的每一个环节，从需求收集、产品构思到产品设计、研发、测试、生产、营销和服务等，汇集用户的智慧，企业才能和用户共同赢得未来"。

在互联网思维的引领下，传统企业应有效地把权力向用户转移，让用户全流程参与，汇集用户的智慧构建新的制高点。当然，在营销推广上，互联网推广也不容忽视，如马应龙麝香痔疮栓产品就做了一个名为《屁股欢乐颂》的视频广告(见图1-4-1)，把这段视频广告投放在互联网上，如乐视网(http://www.letv.com/ptv/vplay/2061726.html)。

---

① 姬万里.洞见：互联网时代，我们能做什么[N].经济视点报，2014-03-27.

图 1-4-1　马应龙麝香痔疮栓产品视频广告截图

马应龙麝香痔疮栓产品视频广告其实是典型的网络视频营销广告,即用传统企业的互联网思维创意来进行推广。

传统企业有效地利用互联网思维,旨在提升传统企业的核心竞争力,用互联网思维方式推广和销售产品。所谓的互联网思维方式,是指与目标人群打成一片的思维方式,就是 C2B(consumer to business,即消费者到企业),最后形成粉丝经济,建立起企业自己的粉丝帝国。[1]

在公开场合下,阿里巴巴创始人马云谈及互联网思维时说道:"传统行业的机会太多了。"马云解释说:"借助互联网的经营思维做传统行业会让你获得更多的发展机会。"

如今,互联网正在改变人类的生活和商业行为,许多传统企业已经在积极地尝试和探索自己的产品究竟适不适合做电子商务。为此,九州科技总经理徐璐在接受《经济视点报》记者采访时介绍:"电子商务企业和传统企业从经营的层面并没有本质的区别,电子商务是将传统企业经营过程中的理念进行了集中的体现和极致的爆发,例如诚信、共赢、利他等一直传下来的经营精髓,在互联网的世界里得到极致的体现。做传统生意如果没有'利他'思维会影响明天的生意,但可能不会影响今天的生意。而在互联网

---

[1]　姬万里. 洞见:互联网时代,我们能做什么[N]. 经济视点报,2014-03-27.

的世界里，没有'利他'原则可能根本就开不了张，不能狭隘地认为电子商务仅仅是在网上卖东西，而是要理清互联网的思维，用更高的格局去理解互联网、迎接互联网、运用好互联网这个工具。"

在徐璐看来，作为传统企业经营者，需要转变的互联网思维是，有效地建立"以用户为中心"的社群化的产品创新和营销体系，来挖掘消费者的购买需求。当然，传统企业经营者这样做并不意味着全盘否定传统营销体系的作用和功效。

雷军多次在公开场合澄清，小米是一家手机制造企业，其实也是一家传统企业，只不过利用互联网思维在产品设计和营销体系方面进行了探索和创新。如小米在推出 MIUI 系统时，特此开辟一个运营用户社区中心，根据用户反馈的信息不断地改善产品的体验。最终在小米粉丝的支撑平台上快速地推出低价格的小米手机，然后再持续跟进。

众所周知，让品牌一夜爆红的手段还有很多，但是却不能保证品牌拥有持久度。许多传统企业经营者迫切希望利用互联网思维，通过一个引爆点来快速提升其品牌的知名度。这样做曲解了互联网思维，也忽视了企业品牌的打造需要一个循序渐进的过程。

从消费者认知品牌到了解品牌的内涵，是需要一个过程的，不管是在线上还是在线下的推广，都只有不断地积累和建设传统企业的品牌资产，才能提升品牌的真正价值。

第二部分　传统企业正在互联网化

可能今后所有行业都要互联网化，但并不意味着互联网能消灭所有企业，这是两个概念。互联网技术的出现，改变了人们的生活，改变了传统的运营方式和经销方式，但总体上，这只是一个洗牌的过程，是传统产业和新产业转化的过程。

——万达集团股份有限公司董事长　王健林

第5章 传统企业正在互联网化

面对互联网的滚滚洪流,传统企业只有积极地进行互联网化,才能赢得发展的战略机遇期。2015 年 1 月 23 日,重庆维普特科技有限公司总经理兼 CEO 洪渊在接受中国经济网《财经对话》栏目采访中谈到企业信息化和互联网化的发展时说道:"我们现在国内传统企业的互联网化大致上处在一个转型期,大部分的企业其实还处在一个进退两难的状况。我相信未来几年可能不出五年到十年,所有的企业都终归会走到互联网这条路上来。因为这是一个历史的必然的趋势,而且是一个大潮,所有不在这个大潮里面的,最终都将被这个大潮所湮灭。"

洪渊的观点很有代表性,对于中国传统企业而言,要想在新一轮的竞争中赢得胜利,要么正在互联网化,要么已经互联网化。那么,究竟怎样才叫互联网化呢?互联网化与企业信息化之间是怎样的关系?从信息化到互联网化,企业的 IT 架构和 IT 应用是迭代还是需要突变?

01 传统制造企业互联网化势不可挡

随着信息碎片化时代的到来,对于传统制造企业来说,把握互联网的趋势无疑是赢得未来的一个关键点，因为互联网时代背景下的数字化正在重构新的商业模式。

回顾近半个多世纪的历史可以发现，精彩纷呈的信息与通信技术，使得波澜壮阔的互联网技术如万马奔腾般到来，不仅突破了传统观念中的时间和空间的局限，而且也颠覆了传统的商业认知。在已经步入网络时代和信息时代的当下，互联网化对于传统制造企业来说，仅仅是突破自我坡顶困境的一个新起点。

究其原因，传统制造企业正在迎来信息社会的下一波浪潮，企业互联网化已经势不可挡。这样的趋势判断正越来越被传统制造企业所关注。2013 年 12 月 31 日，华为发布了一份名为《用趋势赢未来，数字化重构新商业》的行业趋势报告。

该报告指出，"Internet＋"驱动数字世界和物理世界的融合，引领下一波信息化浪潮。今天，我们已经处于无处不在的网络连接中，也处于各种各样信息的包围中，但数字世界与物理世界基本上还是平行的，或者说耦合得还不够紧密。信息时代，对任何传统企业和传统产业，"Internet＋"都会成为创新焦点，或者说传统企业和传统产业要借助 Internet 来实现重构，驱动数字世界和物理世界的深度融合。①

在传统制造企业的转型中，互联网将引领下一波信息化浪潮，这也是提升传统制造企业竞争优势的一个重要途径。

2008 年，美国次贷危机引发全球金融危机，这场危机也波及了中国的传统制造企业。尽管金融危机的雾霾已经渐渐散去，但是中国传统制造企业的复苏依旧在艰难探索中。为了应对金融危机的负面影响，中国传统制造业如何在当前国际经济环境下实现突破再次引起研究者们的重视。

2012 年 11 月 4 日，在搜狐企业家论坛 2012 年会上，相关专家给中国传统制造企业开出了复苏的药方：互联网化是中国传统制造企业转型的大

---

① 华为集团公司.数字化重构新商业未来[N].中华工商时报，2014-01-17.

趋势,中国传统制造企业应该顺应潮流,加快转型的步伐,以此来提升企业自身的核心竞争力。

在年会上,易观国际董事长于扬分析说:"目前国内制造业面临着增长及升级方面的困境。一是大量制造业企业在过去三十年基本以外贸为主,受欧美国家经济影响,外贸这两年下滑非常快;二是过去几年很多制造业企业纷纷把目光转向内贸。但除去一些真正意义上的'两条腿走路'的企业外,大量的企业仍无法适应内贸市场。"

在这样的背景下,于扬认为,中国传统制造业企业必须认识到互联网化的趋势。近 10 多年以来,互联网极大地影响了消费者,在购买产品时,消费者看产品的角度、对品牌的认同都已经发生了巨大改变。于扬指出:"在未来二三十年,所有的企业都将成为互联网化的企业。互联网实际上是一个强大的工具,能更快、更强地提升产品的效率和价值。"于扬的理由是:"百度是互联网加小广告,淘宝是互联网加农贸集市,携程是互联网加旅行社。互联网化不是要不要的问题,而是怎么做的问题。"于扬因此告诫中国传统企业的经营者,中国制造企业互联网化已经是大势所趋,势不可挡。只有尽早看到这个趋势,才能提升中国传统制造企业的竞争力。

02 传统企业互联网化的战略愿景

在互联网时代的今天,互联网已经踢开了传统企业的大门,互联网化的进程也在大大地加快。在这个进程中,互联网已经深深地影响了传统的制造企业。

什么是企业互联网化呢? 根据百度百科的解释,所谓的企业互联网化,是指企业利用互联网(包含移动互联网)平台和技术从事的内外部商务活动。随着云计算和互联网(包括移动互联网)的发展,企业在业务的拓展和发展中,正逐步将内部的业务流程和外部的商务活动与互联网(包括移动互联网）结合起来，从而有效提升企业整体的核心竞争力。

这个定义对企业互联网化作出了判断，企业互联网化发展的趋势已经非常明显，而且已经成为一种提升核心竞争力的有效途径。EnfoDesk 易观智库的数据显示，中国企业互联网化市场的支出，仅仅在 2013 年第一季度就高达251 亿元，其中营销和渠道的互联网化市场规模分别为 114 亿元和 98 亿元。[①]

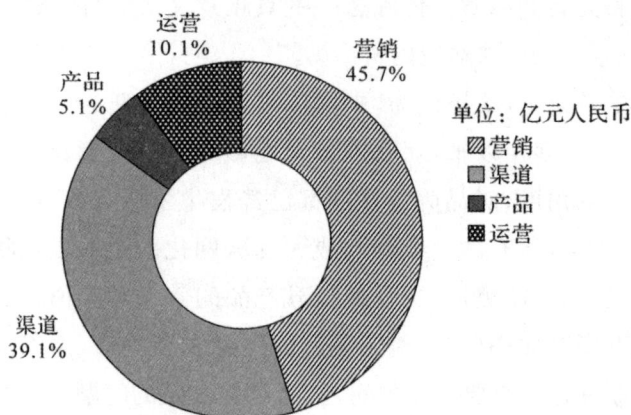

来源：易观国际·易观智库·eBI中国互联网商情

图 2-5-1　2013 年第一季度中国企业互联网化支出统计

如图 2-5-1 所示，营销和渠道的互联网化已经占据目前传统企业在互联网化应用中总投入的 84.8％。受到中国宏观经济的影响，2013 年第一季度渠道互联网化市场规模的增幅虽然略有下滑，但是却有越来越多的传统企业正在有效地利用互联网化的技术，进行企业内部管理模式和企业经营服务化的建设，传统企业产品互联网化和运营互联网化的市场正在快速发展。

EnfoDesk 易观智库据此分析认为，在制造业、通信服务业、零售业以及

---

① 易观智库分析师. 易观智库：2013 年第一季度中国企业互联网化市场规模达251 亿元［EB/OL］. http://www. finance. sina. cn/roll/20130702/165715991083. shtml, 2013-07-02.

金融业,企业在互联网化中的总支出已经超过了全部支出的 80%。①

当然,EnfoDesk 易观智库的分析是建立在 2012 年的数据基础之上的。EnfoDesk 易观智库的数据显示,2012 年中国企业互联网化市场规模已经达到 832 亿元,较 2011 年增长 56.9%。

03 互联网化的三层含义

众多迹象表明,中国传统企业的互联网化正处于一个重要的转型期。在重庆维普特科技有限公司总经理兼 CEO 洪渊看来,传统企业是"地下的老虎",而互联网公司则是"天上的老鹰"。洪渊介绍说:"老鹰和老虎其实都有各自的优势,也有各自的地盘。但是在今天,实际上老鹰和老虎变成了一种结合,那就是插着翅膀的老虎会创造一个更大的价值和利益。因为老虎再厉害也上不了天,而老鹰再厉害也落不了地。"

为了更好地推进互联网化,洪渊分析说:"我们以前从地上到天上,现在又从天上往地上回归,这是一个过程。"不可否认,要想真正落地,传统企业必须实实在在地进行互联网化,如很多传统企业采用 O2O 的商业模式,就是一个落地模式的具体表现。

由于互联网化本身的特性,大部分传统企业仍旧处在一个进退两难的境地。洪渊在接受媒体采访时坦言:"现在大部分的企业处在一个进退两难的状况。很多本地的企业,特别想做互联网。但它们不像一些大型的国际企业,它们有的时候很简单,只是因为同行这样做所以自己才这样做,了解互联网这个趋势是必然的,但它们并不明白这到底是怎么一回事,也不

① 易观智库分析师.易观智库:2013 年第一季度中国企业互联网化市场规模达 251 亿元[EB/OL]. http://www.finance.sina.cn/roll/20130702/165715991083.shtml,2013-07-02.

知道该怎么做。"

面对目前的这种困境，洪渊给传统企业的经营者提出了自己的建议，他说："很多传统企业的利润率在实际产品的利润上，它们恰恰忽略了互联网最大的特点是以人为本。人决定了互联网化这个平台的能量，你的人聚得越多，你的能量就越大，产生的效益就越高。"

事实证明，对于企业的经营来说，互联网化不仅仅是基础设备的更新换代，更是全新思维模式的深度开放。

究其原因，行之有效的互联网化不仅极大地提高了传统企业的生产效率，同时还极大地降低了生产、经营和销售等成本。而且，传统企业互联网化的价值远不止此，更大的变革和深远影响来自思维方式的改变，这是一种全新的思维模式，其核心是以"全连接和零距离"来重构传统企业经营者的思维模式，人和人之间、企业和客户之间、商业伙伴之间，都将是全连接和零距离的。[①]

企业的思维模式、商业模式、营销模式、研发模式、运营模式、服务模式等，都必须以互联网时代的特征为出发点进行重构，而不仅仅是把互联网作为工具叠加在传统模式之上。其中，思维模式的重构是第一位的，因为思维模式是行动的指南。[②]

在重构商业链条中，传统企业的互联网化包涵三层核心含义（见表2-5-1）。

表 2-5-1　互联网化包含的三层核心含义

序号	含义	内容
（1）	替换	对传统商业流程中某些环节的直接替换
（2）	优化	再造，即简化、优化或重构商业流程本身
（3）	创新	创造新的商业流程

---

①②　华为集团公司.数字化重构新商业未来[N].中华工商时报,2014-01-17.

第6章　传统企业互联网化的好榜样

2014年,对于传统企业来说,互联网化已经不再是一个备选项,而是一个必选项,有专家甚至把2014年称为互联网化元年。此前,还只是一部分"先知先觉"的企业把互联网化视为提升竞争力的"新魔法"。然而在2014年,越来越多的传统企业已经别无选择地被裹挟到这个不得不变革的互联网化风口。

在传统企业实行互联网化的过程中,不管是较早的零售、邮政服务,还是当下十分火爆的金融、医疗、可穿戴设备、在线教育、在线旅游以及生活服务,等等,传统企业的互联网化都已经潜移默化地影响传统产业的神经、形态和格局,酝酿着制造设计、盈利模式乃至商业模式的颠覆与变革。[①] 在这波新浪潮中,积极拥抱互联网化的企业因此顺势而为,同时也给那些抵制、拒绝互联网化的传统企业带来了巨大的冲击。

各个行业企业,传统企业互联网化的趋势已经不可逆转地发生并正在加速演进,不可否认发展的生死牌都捏在"互联网化"手中。[②]一直都在倡导互联网化的海尔集团董事局主席张瑞敏也不得不说:"传统企业要么'触

---

①② 耿军. 2014 传统企业互联网化不再是备选项[EB/OL]. http://soft. chinabyte. com/477/13043977. shtml,2014-08-12.

网'，要么死亡。"正是在这样的背景下，中国传统企业的互联网化榜样如雨后春笋般茁壮成长起来。

01 海尔的互联网思维

"坦率地讲，到现在为止，中国还没有自己的管理思想，没有自己的管理模式。现有的管理模式都不适应互联网时代的要求，所以海尔要探索一种新的管理模式。"海尔集团董事局主席张瑞敏在中央党校发表演讲时谈到。

张瑞敏的判断是非常准确的，在当下中国，互联网思维的概念和实践已经风靡商界。然而，张瑞敏行动得更早，11 年前的 2005 年，张瑞敏就已经着手进行海尔"人单合一模式"的变革了，这场变革的内核就是互联网思维。

2014 年 8 月 23 日下午，张瑞敏在中欧国际工商学院 20 周年校庆"大师课堂"系列活动上，发表了题为《互联网时代的管理模式创新探索》的演讲，阐述了海尔在互联网时代管理模式创新探索的缘起、做法和现状。

众所周知，张瑞敏是被誉为中国企业界"教父级"的人物，执掌全球第一白电品牌——海尔，在面对互联网化时，依然深感传统企业探索互联网化转型之道的艰难。

在该演讲中，张瑞敏坦言道：为什么用"互联网时代的管理模式创新探索"这个题目？因为过去我们中国企业基本上属于追赶型——改革开放初期学习日本的全面质量管理（TQM），后来学习美国的六西格玛，然后是所有欧美先进的管理模式。尽管到今天为止，可能中国还没有自己的管理思想和管理模式，但是在互联网时代，传统的管理模式都不奏效了，现在必须去打造新的管理模式。这既是机遇,也是挑战。①

在张瑞敏看来:"为什么要做互联网时代管理模式的探索?因为没有成功的企业,只有时代的企业,每个企业的成功都是时代的产物。如果你不能跟上时代,就会被时代淘汰。处在互联网时代,就只能跟上互联网时代。在传统经济时代所有成功的做法,今天可能都不适用了,所以只能是按照互联网时代的精神和现实来做,必须改变自己。"

1985 年,张瑞敏果敢地用大锤砸掉了 76 台不合格的、刚刚生产的冰箱,以此唤醒海尔全体员工的质量管理意识。29 年之后,张瑞敏再一次拿出当年大锤砸冰箱的勇气,带领海尔开始了互联网化的征程。

在该演讲中,张瑞敏介绍说:"在海尔的字典里,没有'成功'这两个字。其实,所有企业的成功都只不过是踏上了时代的节拍,踏准了就成功了,正所谓'台风来了猪都会飞'。所以,有的人成功了,自己都不知道为什么成功。但是,我们是人,不是神,不可能永远踏准时代的节拍,就像冲浪能永远冲在最高峰吗?不可能。所以,问题就变成如何才能真正赶上这个时代的节拍。那些百年企业是如何做到'基业长青'的?我认为,百年企业就是通过'自杀'重生——你不能'自杀',就会被'他杀',被时代所'杀'。"

张瑞敏的忧虑是有根据的。对于当下的传统企业来说,积极推进互联网化可能带来新的发展机遇,否则就会被互联网时代所淘汰。张瑞敏为此告诫传统企业的经营者说:"只能我们去适应时代,时代不可能适应我们。现在最有说服力的案例就是手机。一开始摩托罗拉是老大,很快诺基亚超越了它,后来苹果又超越了诺基亚。为什么?时代使然。摩托罗拉是模拟时代的代表,诺基亚则是数码时代的代表,摩托罗拉被超越在本质上是被数码时代淘汰了,而诺基亚则被互联网时代淘汰了。总之,时代发展太快,谁也抗拒不了时代的发展,只能去顺应它。"

---

① 参见张瑞敏在中欧国际工商学院 20 周年校庆"大师课堂"系列活动上题为《互联网时代的管理模式创新探索》的演讲,2014.

张瑞敏认为，每个企业的成功都是时代的产物，如果不能跟上时代，就会被时代淘汰。如同古希腊哲学家赫拉克利特所言："人不可能两次踏入同一条河流。"

这是因为，流过脚边的河水已经冲走，既然是冲走的水，自然不是原来的水，而是从上游新流下来的水。对于传统企业而言，道理也是如此。一旦时代改变，即使是今天最成功的赢利模式，在明天很可能就不合适了。因此，对传统企业来说，面对当下势不可挡的互联网化浪潮，如何踏准自身的互联网化节拍，就显得尤为重要。

在该演讲中，张瑞敏介绍说："互联网时代颠覆了传统时代的一些理论，尤其是奠定了现代企业管理的基础理论的分工理论。1776 年，亚当·斯密出版的《国富论》的第一章即以"论分工"为题。斯密举了一个经典例子。一个工人没有受过制针培训，且不熟悉制针使用的机器，无论如何努力，也许他一天也制造不出一枚针。但是，如果把制针分为抽丝、拉直、切断、削尖、磨光、安针头等大约十八道不同工序，每道工序由不同的工人操作，则会极大地提高劳动生产率，每个工人平均一天能做几千根针。"

在传统企业的互联网化时代，互联网对传统企业的发展影响深远，在一定程度上，其甚至颠覆了弗雷德里克·泰勒、马克斯·韦伯、亨利·法约尔三位先驱的理论。张瑞敏介绍说："现代企业管理理论体系有三位先驱——弗雷德里克·泰勒基于动作研究的'科学管理'；德国人马克斯·韦伯的科层制或他自己所说的官僚制，也即今天常见的金字塔式组织结构；法国人亨利·法约尔提出的关于组织内部的一般管理理论，认为管理有计划、组织、指挥、协调和控制五大职能，而且五大职能要不断再平衡，实质是让五大管理职能不断增减。"

在张瑞敏看来，互联网时代颠覆了传统时代的理由有如下三个：

"首先，互联网带来了零距离。德鲁克有句话说，互联网带来了零距离，这是它最大的影响。零距离首先意味着泰勒的科学管理不灵了。为什么？零距离要求从以企业为中心转变为以用户为中心。用户的需求都是个性化的。泰勒的科学管理是大规模制造,现在则要从大规模制造变成大规模定制。

"其次,去中心化,没有领导。谁是员工的领导?不是他的上级,而是用户,员工和用户之间要直接对话。这就把马克斯·韦伯的科层制颠覆了。为什么美国汽车商竞争不过丰田?因为美国汽车制造商有 14 个层级,而丰田要少得多。现在,互联网时代的企业应该是没有什么层级的。

"第三,分布式。所有资源不是在内部,而是在全球,这就颠覆了法约尔的一般管理理论。为什么一定要在内部来做?为什么不可以吸引全球的资源?加拿大人唐·泰普斯科特和英国人安东尼·威廉姆斯撰写的《维基经济学》有句话说得好,'全球就是你的研发部'。"[①]

那么,在互联网时代,海尔做出了哪些变革呢?张瑞敏总结为"三化":企业平台化、员工创客化、用户个性化。

"第一,企业平台化是大势所趋,必须这么做。钱德勒在《规模和范围》一事中分析道,美国、德国、英国是当时世界上的工业三强,它们为什么强,因为它们都有很多大的企业,寡头在控制,通过规模效应和范围经济使得别人没法进来,这是工业资本主义时代的原动力。现在互联网时代的原动力是什么?平台。

"所有企业如果不是做平台,做大有多大作用?零售业,很大的连锁店,一个电商起来就把你冲垮了;工业也是一样,今天做得挺大,但是明天就很难说,3D 打印起来之后,我们会怎么样?也许我们不行。总而言之,如果不做平台,肯定不行。平台就是生态圈,如果说平台是自演进,那永远没有边界。简单地说,企业平台化就是使企业一下子让全球的资源都可以为你利用。海尔有句话,'世界是你的人力资源部'。太阳计算机系统公司联合创始人比尔·乔伊质疑科斯定理:'大部分聪明的人实际上都在为他

---

① 参见张瑞敏在中欧国际工商学院 20 周年校庆"大师课堂"系列活动上题为《互联网时代的管理模式创新探索》的演讲,2014.

人工作。'想一想，怎么可能把全世界最聪明的人都弄到你的公司？但是，如果我是一个平台，就可以整合全球最聪明的人来服务，当然前提是有用户。

"第二，员工创客化。这个创客是什么？按照克里斯·安德森写的那本《创客》所说的，创客就是个性化和数字化的结合。过去，我想创造一个东西非常难，但是现在利用互联网，我都可以创造。现在有这个条件了，所以要让员工都可以去成为创客。

"第三，用户个性化。现在的用户需求千差万别，随时在变，怎么去捕捉它呢？而且，进入移动时代，就如美国人查克·马丁写的《决胜移动终端》里所说的：他们是'在购物'（always are shopping），不是'去购物'（go shopping），所以企业只能不断和他们交互，交互不好马上就被打倒，因为移动购物时的每一个感受都可以马上成为全球的实时新闻直播。有很多企业垮在这上面，（客户）一有不满意就把负面信息发到网上去，企业马上就被冲垮了。当然，话说回来了，如果他非常满意，那也不得了。因此，用户个性化和过去已经不是一个概念了。"①

张瑞敏告诫中国传统企业的经营者说："总之，如果还想抱着原来那套不放，是肯定不可能的，时代使你必须要改变。"在张瑞敏看来："现在是互联网时代，你为什么要听上级的？上级不是用户，上级不是市场，所以我们就改革这个。我觉得不管到哪，人是目的，不是工具，这是非常关键的。这个也是我们在做互联网时代转型的时候的一条基本准则，如果离开了这一条，你怎么做，可能都不一定做出来。"

_____

① 参见张瑞敏在中欧国际工商学院20周年校庆"大师课堂"系列活动上题为《互联网时代的管理模式创新探索》的演讲，2014.

02 传统企业 TCL 的互联网转型

对于时下的许多传统企业来说,可谓是危机重重。然而,作为传统企业的 TCL 却杀出了一条血路。2014 年 2 月,根据 TCL 集团发布的财务报告显示,TCL 集团净利润同比增长 126.7%,达到 28.9 亿元。

尽管交出了一份靓丽的财务报表,但是略显尴尬的是,TCL 主业之一的多媒体集团业务却出现了小幅度亏损。为了提升集团整体的核心竞争力,TCL 开始了一场轰轰烈烈的、被称为其发展史上最大规模的战略调整。

在此次调整中,TCL 提出了向互联网转型,即专注于"智能＋互联网,产品＋服务"。在这样的背景下,TCL 在 2014 年下半年加速推进互联网战略转型。TCL 集团董事长李东生在接受《第一财经日报》记者的采访时介绍,2014 年下半年,TCL 智能电视将推出"全球播"服务,电视游戏平台也会有迭代;通讯业务,则会发布云服务产品;互联网金融服务下半年也将落地;智能家庭第四季发布具体产品;线上线下渠道融合的 O2O 系统 2014 年 11 月上线。[①]

为了更好地向互联网转型,TCL 积极地加速转型过程。据李东生介绍:"从终端到系统,从产品到服务,从线下到云端,2014 年把'双＋'战略的基础框架搭建完毕。"

在当下的互联网时代,互联网思潮正在席卷一切,传统企业不得不面临产能过剩、互联网企业"跨界竞争"等环境,这都给包括 TCL 在内的传统家电企业带来了巨大的压力。

2014 年年初,为了更好地拓展互联网业务,TCL 开启"智能＋互联网"

---

① 王珍. TCL 提速互联网转型[N]. 第一财经日报,2014-08-05.

和"产品＋服务"的互联网转型"双＋"战略引擎，为 TCL 加速互联网转型打下了基础，同时也提升了 TCL 的业绩。相关数据显示，2014 年上半年，TCL 集团的净利润增幅超过 50％。李东生自豪地介绍："我们盈利预增，TCL 集团的利润率可以达到 4％。"TCL 的服务业务还在搭建的过程中，尽管不能为当期带来盈利预期，但是至少没有给 TCL 拖后腿。李东生坦言："这说明转型是对的。我们有信心，在应用、服务上带来价值贡献。"

当然，要想让一个传统企业，特别是像 TCL 这样的企业，在传统彩电、手机硬件业务的基础上，发展新的应用和服务业务，无疑是当前 TCL 互联网转型不得不面临的问题，也是亟待其解决的重点问题，因为这是支撑新业务发展的关键。

为了解决这个瓶颈问题，据 TCL 多媒体 CEO 郝义介绍，作为先锋的 TCL 多媒体，已经新创建了一个互联网事业部，旨在拓展内容和服务业务。在此基础之上，TCL 多媒体还会源源不断地推出新的产品和服务。如 TCL 多媒体已经开卖搭载游戏平台、微信功能的 OTT 机顶盒；2014 年 9 月，TCL 多媒体推出微信电视；2014 年 10 月、11 月，TCL 还先后推出教育平台、生活平台，等等。

2014 年 7 月，TCL 多媒体在 2014 年中国国际数码互动娱乐展览会（ChinaJoy）上，首次发布了第一款结合游戏平台的 OTT 机顶盒。

在郝义看来，国家新闻广电总局整顿和规范 OTT 盒子市场对于 TCL 多媒体来说的确是一件好事情，为 TCL 多媒体逆势推出机顶盒抢占市场提供了绝佳的战略机会。不仅如此，TCL 的盒子还搭载了 TCL 电视游戏平台，同时还与微信进行深度定制，即用户可以通过微信即时通信把海量的内容放到电视上，并将该盒子放在电子商务渠道——京东商城上首发。

为了更好地拓展互联网蓝海市场，TCL 多媒体与微信展开深度合作，特此推出微信电视。微信电视的功能体现在，用户可以通过微信中的朋友圈，将移动终端——手机与电视整合起来。据郝义介绍，在观看世界杯足球赛时，用户可以直接通过微信与朋友分享实况转播的感受，并将其分享在电视大屏幕上。

郝义坦言，TCL与腾讯的深度合作并非首次，第一次深度合作是"冰淇淋"智屏。TCL与腾讯联手，看中的还是腾讯背后的用户资源。在此基础之上，TCL还将与其他强手联合。在视频、游戏、教育、生活等领域，TCL都倾向于与强手合作，如TCL与爱奇艺深度合作，探索智能电视"TV＋"。在游戏领域，据公开资料显示，TCL多媒体2014年销售的7万台游戏电视中，有5万台游戏功能被用户激活，活跃用户周一至周五达到1万多，周末甚至达到2万多。

可以说，TCL的转型意味着向互联网不断靠近，作为"船长"的李东生对外很理性地评价此次转型："很多服务刚刚开始，目前收入不高。2014年服务业务只有用户指标，服务收入考核要2015年以后。"不过，李东生却非常乐观，他预计，TCL智能电视应用，2014年开始有收入，并有200万活跃用户；2015年有320万用户，收入8000万；2016年，有480万用户，收入1.5亿元。①

在互联网服务布局上，TCL也是多面出手。据TCL通讯CEO郭爱平介绍，为了彻底贯彻执行"智能＋互联网"和"产品＋服务"的互联网转型"双＋"战略，TCL通讯创建了移动互联网事业部，积极拓展互联网应用、服务业务。

郭爱平对外宣称："TCL移动互联网事业部有三个功能。首先，帮助现有智能手机业务，在营销、客服上创造一个好环境，带入电子商务时代，与用户沟通；其次，创造出一些新应用，与硬件结合；第三，TCL通讯不只做智能手机、平板电脑，未来还会做可穿戴产品，这个部门还负责建设一个开放的云平台，使将来的新产品都可以被服务，而且可以互联互通。"

在当下非常火爆的互联网金融领域，TCL也积极跟进，并且已经初见成效。郭爱平介绍道："我们要求移动支付项目，每月流水的增长率达

---

① 王珍.TCL提速互联网转型[N].第一财经日报，2014-08-05.

到 30％。"

在向互联网转型的过程中，李东生规划了 TCL 的布局，包括建设第三方支付平台和小额贷款平台等。李东生说："不远的将来，TCL 手机成为移动支付平台后，一定会带来价值。"

第7章 传统企业互联网化的"三步走"

关于互联网化的路径,阿里巴巴首席战略官曾鸣分析认为,对于任何一个企业来说,走向互联网化的过程中"必须经过三步:第一步是在线('触网'),是利用技术尽可能把所有人、所有事情在任何时间、任何地点都联结在一起;第二步是互动,以前的传媒技术,报纸、广播、电视,核心技术都是单向传播的,互联网所有的交流都是双向的,而且是实时的;第三步是联网,你有没有可能跟同样的企业有更多的协同?你跟上下游的关系可不可以有新的组合?原来看起来完全不搭界的服务,会不会有一个混搭创新的机会?这些只有在联网之后才会发生"。[①]

01 在线:互联网思维改变传统企业"生意经"

事实已经证明,在当下的商业活动中,互联网思维已经深度融入其中,互联网同每一位传统企业的经营者都是紧密相连的。无论是利用互联网

---

① 耿军. 2014 传统企业互联网化不再是备选项[EB/OL]. http://soft. chinabyte. com/477/13043977. shtml,2014-08-12.

拓展销售渠道，还是来自传统行业谋求转型，都不可能逃离互联网化的浪潮。

既然互联网化已经深深地影响传统企业，那么传统企业的互联网化之路究竟会往哪个方向走？面对这个问题，阿里巴巴首席战略官曾鸣是这样解读的。他认为，对于传统企业来说，互联网化的第一步就是在线。曾鸣谈道："首先你得'触网'。在线，是任何一个企业走向互联网化必须经过的一个步骤。淘宝十年前起家的时候，就是网上的一个义乌小商品市场变成在线行为而已。余额宝在六个月不到的时间里做到七千多万用户、五千多亿元销售额，凭借的是什么？就产品而言，并没有特别大的创新，它的最大突破是利用互联网渠道进行销售和服务，把传统基金完全在线展现。"

在曾鸣看来，传统企业实施互联网化，在线是非常重要的第一步。众所周知，传统企业实行互联网化的本质是信息化的再创新应用。用友高级副总裁郑雨林介绍说："中国企业跟 IT 的发展关系可以总结成三个阶段。第一个阶段是会计电算化时代，从 20 世纪 80 年代末延续到 20 世纪 90 年代初；第二个阶段是管理或企业信息化，从 20 世纪 90 年代初发展到 2010 年前后；从现在开始，企业 IT 正在进入新的阶段——企业互联网化，即产业互联网化阶段。"

在郑雨林看来："企业互联网化是在以移动互联网、云计算、大数据、社交网络为代表的全球信息技术革新浪潮下形成的。"相比于企业信息化，企业互联网化阶段的层次更高。这是因为，企业信息化主要解决的问题是，如何降低企业成本、提高企业运营效率等。而互联网化解决的则是商业模式如何创新的问题，是企业生产力如何转型的问题，它将涉及跨界的整个行业生态。①

_____

① 海外网. 用友郑雨林：产业互联网化是新突破口［EB/OL］. http://huaren. haiwainet. cn/n/2014/0709/c345784-20834150. html，2014-07-09.

　　2014 年 9 月 19 日,当阿里巴巴在美国纽交所成功挂牌上市时,全世界的目光都被阿里巴巴给吸引了。与阿里巴巴遥相辉映的是,在阿里巴巴旗下天猫平台上,一个并不起眼的小公司却正万丈豪情般地迈出了互联网的第一步。这个公司的名字很特别,叫做子曰,其主营业务是茶叶。不过,与所有目前市面上实体的茶叶品牌不同的是,子曰更轻盈,也更年轻。更为重要的是,子曰结合了互联网与传统行业。

　　据子曰茶创始人李诺夫介绍,在下定决心经营茶叶之前,李诺夫在电子数码行业已经小有成就。2013 年,"互联网思维"一度成为中国大街小巷的热词,越来越激烈的传统企业转型已经是尘埃落定的事情,在这样的背景下,李诺夫开始着手推动公司转型。尽管公司运转正常,但是公司并不满足于传统数码行业,于是扎进了互联网转型的新浪潮。

　　李诺夫之所以进行互联网转型,是因为他认为"互联网和消费类产品结合的黄金时代即将来临"。李诺夫根据市场调查得知,在茶叶市场,如铁观音、普洱尽管人气很高,但是却没有一个茶叶品牌。

　　当找到转型的突破点后,李诺夫开始组建团队。李诺夫认为,打造一个互联网化的茶叶品牌,必须要建立一个前所未有的跨界团队。李诺夫说:"需要茶叶生产方面的权威,也需要电商界的大牛,还必须有尖端的营销人才,最重要的还需要真正对互联网了如指掌的人。只要是人才,我就不惜一切代价。"

　　在李诺夫心中,杨崇哲就是自己要找的人才。杨崇哲目前负责子曰的用户体验中心,着力打造和培养子曰的用户与粉丝。加盟子曰前,杨崇哲是腾讯的产品经理。

　　杨崇哲说:"我本身有产品经理的属性,我想了解这个世界,改变这个世界,传统行业和互联网的结合必然发生。"

2014年3月，按李诺夫的说法，子曰的初始团队——"八大金刚"全部到齐。为了更好地实践互联网思维，还起了一个很容易传播的名字。杨崇哲在三天之内看了1700多个商标名，最终选择了"子曰"。之后投票，所有人都选择了"子曰"。

李诺夫说道："'子曰'不仅耳熟能详，大家都容易记，而且有无限的话题，与我们定位年轻人的消费群体十分契合。"

互联网思维的一个特点就是唯快不破，子曰团队开足马力，兵分两路：第一路，欧华彬带领产品组紧锣密鼓地寻找合适的茶叶产地；第二路，电商部门申请开通天猫店铺。

为了配合子曰的品牌传播，营销经验丰富的李晓鹏开始着手子曰的微信预售筹备工作——在微信上完成订购和支付。2014年6月24日，"子曰茶"在微信上以图文并茂的形式发布信息。尽管当时子曰微信的粉丝仅寥寥几个，而且全部都是子曰员工，但是经过一个晚上的朋友圈传播和扩散，当晚就覆盖了超过十万人的用户群。

当子曰的产品已经准备就绪时，一下子就抓住了淘宝众筹的机会。淘宝众筹是淘宝网的一个新项目，在改名为淘宝众筹之前的名称叫作淘宝星愿。

尽管是一次新的尝试，却给子曰带来了惊人的成绩——淘宝众筹达到102万，这样的业绩已经超出子曰团队的期望。

2014年9月19日，子曰正式登陆天猫。为了更好地激活互联网思维，子曰与冷兔联手，共同策划并推出新产品——冷兔定制茶叶。公开资料显示，冷兔是互联网上著名的虚拟品牌，是深受网友喜欢的卡通形象，同时也是众多社交媒体上的超级账号，和冷兔的合作，是一次双赢的试验。①

在传统茶企业的卖货思维中，销售依然是排在第一位的。然而，子曰却把用户作为第一目标。这显然是典型的互联网思维。在子曰多款产品的推广过程中，杨崇哲坚持用户第一，而且一直坚持这样做。

为了让用户参与，子曰创建了一个 QQ 群，让子曰的忠实用户积极地参与进来，如试喝选择何种口味，产品包装的设计样式，营销计划的制定，等等。作为创始人的李诺夫，在总结子曰的用户策略经验时谈到，子曰的用户策略有如下四个（见表 2-7-1）。

表 2-7-1　子曰的用户策略

序号	用户策略
（1）	与粉丝做朋友
（2）	让用户有荣耀感
（3）	让用户能够在子曰的粉丝群体里面，找到能够沟通互动的人
（4）	让用户参与到子曰的每一个进程里

从子曰的用户策略可以看出，子曰对传统茶叶销售的颠覆才刚刚开始，因为子曰正在利用互联网思维来销售茶叶。李诺夫把子曰定位为"一个做茶的互联网企业"。

这个定位是有依据的，子曰正在走一条从未有人走过的路——李诺夫开发的是全新的用户（年轻人）、全新的渠道（互联网）、全新的思维（用户导向）。与子曰类似，将互联网与传统行业相结合的公司会越来越多，传统企业向互

---

① 中华网财经网. 传统行业的互联网化正在发生［EB/OL］. http://finance. china. com/fin/kj/201409/19/1370262_2. html，2014-09-19.

联网转型不再是一个大家讨论的问题，而是一件正在发生的事情。[①]

02 互动：手机应用打造连锁C2B样本

对于传统企业来说，互联网化的第二步就是互动。曾鸣是这样解释互动的："以前的传媒技术——报纸、广播、电视，核心技术都是单向传播的。互联网是一次大的技术革命，所有的交流都是双向的，而且是实时的，不是滞后的。比如，现在有很多的手机视频，你一边看电视，一边就可以发评论，你还可以建群组讨论。对于年纪稍微大一点的人来说，这种看电视的行为很古怪。但是对于90后，这样一种完全互动情况下的浏览行为，或者说一边评论一边看视频的行为，才是他们觉得正常的行为。所以，互动提供了非常大的潜力。"

事实上，在日常生活中的互动，往往是指个人与个人之间、个人与群体之间、群体与群体之间等通过语言或其他手段传播信息而发生的相互依赖性行为的过程。研究发现，对于传统企业的经营者来说，长期稳定的良性互动关系通常需要满足如下三个要件（见表2-7-2）。

表2-7-2 良性互动关系需要满足的三个要件

序号	内容
（1）	主体之间需具有共同的或者相类似的价值理念，至少不能是相互对立的价值理念
（2）	两个主体之间有发生相互依赖性行为的必要性
（3）	两个主体之间有发生相互依依赖行为的可能性

① 中华网财经网. 传统行业的互联网化正在发生［EB/OL］. http://finance. china. com/fin/kj/201409/19/1370262_2. html，2014-09-19.

从表 2-7-2 可以看出,对于传统企业而言,由于其产品没有互动的环节,所以就缺乏一些参与感,特别是在强调实时互动环节的今天。这就是为什么互联网企业总是在强调"尖叫产品"的一个重要原因。现如今,所有的互联网产品和服务都会实时得到用户反馈。互动让互联网产品实实在在地接触到传统企业的用户,并且为用户提供直接服务。

当然,传统企业的经营者与用户进行互动,不仅知道了用户是谁,而且还知道如何改进服务。曾鸣坦言:"大家一般讲电子商务,提到最多的是渠道,渠道的缩短节约了成本。但是电子商务的最大价值不在于成本节约,而在于你第一次知道了谁是你的客户。淘宝每天上来一亿客户,我们很清楚地知道他们是谁,他们在哪个地方上网,家在哪儿,送货往哪儿送,甚至过去七天他们看过哪些网站。一个传统的销售企业,通过四级分销之后,只知道进来多少货,压根不知道是谁买了你的货。所以,在线和互动带来的最大价值是,可以第一次跟用户面对面直接互动,以及体验的提升。你知道他是谁,你知道怎样改进服务,所有这些都是基于数据。"

在曾鸣看来,由于传统企业的经营者对互联网化存在误区,在互动时缺乏参与感,所以他们在推进企业互联网化时,应该重视用户参与感,提升互动的作用。

在当下互联网化大潮下,成千上万的传统企业就如同在互联网海洋上漂浮的一艘艘巨轮,寻找自己的蓝海市场。有的传统企业通过互联网的思维开启了新的业务。遗憾的是,其他很多传统企业却被海浪拍死在沙滩上,未能成功转型。

如同英国作家查尔斯·狄更斯(Charles Dickens)所著的《双城记》(*A Tale of Two Cities*)中所言:这是最好的时代,这是最坏的时代;这是智慧的时代,这是愚蠢的时代;这是信仰的时期,这是怀疑的时期;这是光明的季节,这是黑暗的季节;这是希望之春,这是失望之冬;人们面前有着各样事物,人们面前一无所有;

人们正在直登天堂，人们正在直下地狱。

在传统企业的互联网化中，套用这样的描写可谓恰如其分。对作为传统企业的星巴克来说，循序渐进的互联网化经验非常成功，见证了这个非常美好的互联网时代。而那些吹糠见米、疾风劲雨式互联网化的传统企业，则为这个互联网最坏时代作了一个恰当的注脚。

1999 年 6 月 30 日，投行、风投等投资机构把网络泡沫继续吹大。然而，还没等泡沫破灭，时任星巴克 CEO 兼董事长的霍华德·舒尔茨（Howard Schultz）就遭遇了其一生中最难堪的时刻。

在 20 世纪 90 年代末期，虚拟的网络经济依然吸引着华尔街的投资者们。在这样的背景下，这位星巴克的创始人兴冲冲地向外界宣告，销售咖啡饮料的星巴克正在转型为一家互联网公司——推出门户网站，在线销售咖啡和厨房用品，向一家在线聊天公司投资 2000 万美元……

当这则信息被媒体报道之后，星巴克当天的股价如遭遇雪崩般一泻而下，收盘价下跌 15%。不可否认的是，星巴克股价之所以下跌，是因为投资者们不理解作为一家卖咖啡饮料的领军企业，星巴克为什么要转型做互联网公司，而且还投入海量的资金来做，于是投资者们抛弃星巴克就在情理之中。

当星巴克的股价应声下跌时，霍华德·舒尔茨对媒体坦诚地承认："我在这件事上摔了跟头。"不过星巴克如此积极地使用互联网技术，显然是有着积极的战略意义的。只不过，当时的投资者们没有看到而已。

2012 年 8 月，霍华德·舒尔茨再次启动互联网化，并给移动支付公司 Square 投资 2500 万美元，成为其董事会成员。当媒体披露这则消息之后，外界才发现，霍华德·舒尔茨从来就没有放弃过为星巴克注入互联网基因的努力。

　　当霍华德·舒尔茨经历过当年网络事件的难堪后,他不再那么高调,而是"随风潜入夜,润物细无声"地推行星巴克的互联网改造——除了创建电子商务体系外,积极地推行互联网化,甚至还拥抱移动互联网。

　　为了迎合互联网用户的消费需求,2009 年,星巴克推出手机应用客户端。2012 年 1 月,当美国市场推出手机支付后,截至2013 年 7 月,移动支付的交易数量竟然高达 6000 万笔,每周通过手机支付的订单就超过 100 万笔。这当然离不开霍华德·舒尔茨积极地实施互联网化,有意让用户潜移默化地接受互联网化的星巴克服务。

　　在移动互联网横冲直闯的今日,很多大型公司都在提供手机应用或社交媒体支持。作为互联网支持者的霍华德·舒尔茨更是如此。在互联网化的过程中,星巴克的投入和营销都已经领先于零售业的其他竞争者,这就使得星巴克成为美国移动支付规模最大的零售公司之一。不仅如此,星巴克还被脸谱网、推特、拼趣等社交媒体誉为最受欢迎的食品公司之一。

　　霍华德·舒尔茨积极地推行互联网化——电子商务、手机支付和社交网络营销,主要是为了更好地迎合用户的需求,使互联网技术和咖啡店内外的顾客关系紧密相连。据星巴克的相关数据显示,星巴克的消费人群大部分都在使用智能手机,越来越多的用户正在利用移动互联网在星巴克消费。为了追踪用户的消费趋势,星巴克为核心用户创建了一个在线社区。

　　星巴克通过掌握的用户消费习惯、口味喜好等数据,获得了体验为王的非比寻常的用户优势。为了使星巴克真正实现互联网营销,霍华德·舒尔茨积极地推进互联网化,而移动支付只是互联网化过程中的一部分。

　　研究发现,星巴克积极地推进互联网化,并不是因为霍华德·舒尔茨是一个技术狂人，也并不是因为星巴克与科技巨头微软和亚马逊同在一个地方，而主要是因为霍华德·舒尔茨这位创始人回归企业经营管理后，并未研发出新口味的咖啡饮料，只是带领星巴克这家传统的咖啡连锁公司进行了一场营销革命而已。

正是因为星巴克积极推进互联网化，星巴克与顾客之间建立了前所未有的牢固关系。业内研究专家撰文指出，星巴克之所以被很多城市消费者青睐，是因为星巴克提供的服务不仅仅是咖啡、面包，更是一种体验为王的生活方式。星巴克打破了传统的商家与顾客之间单纯的买卖关系，把很多附加值也融入其中。

为了更好地打造用户体验，霍华德·舒尔茨敏锐地预判到，在如今这个时代，互联网和手机将影响人类的生活和工作状态。只有把这个时代特征迅速融入星巴克的产品和服务之中，才能赢得用户的好评。

时任星巴克中国区副总裁 Marie Han Silloway 介绍说："数字化营销完善了星巴克体验，让顾客感受到'星巴克就在身边'。"

不仅如此，星巴克还实施了病毒式营销，一个病毒式传播的在线视频就恰当地诠释了星巴克的理念。在一款名为 Early Bird 的星巴克手机服务中，用户一旦设定好起床闹钟，当闹钟响起时，只要用户点一下"马上起床"，在一小时内赶到任何一家星巴克门店，凭借 Early Bird 手机应用，用户就能喝到一杯打折的星巴克咖啡。

的确，Early Bird 手机应用是一个将产品和用户的日常生活建立联系的好创意，星巴克并没有强行向用户销售咖啡，它不过是提供了打动用户的服务。

在互联网化的过程中，作为传统企业互联网化典型案例的星巴克，对中国传统企业具有较大的借鉴意义。从价值传递环节向价值创造环节渗透,互联网化必将深度改造传统产业。商业过程纷繁复杂,概括起来包括价值创造和价值传递两大环节。在价值传递环节,主要是我们常说的信息流、资金流和物流,而电子商务的蓬勃发展,则打通了物流、信息流和资金流。互联网已经全面渗透并改造了价值传递环节,实现了数字世界和物理世界的融合,减少甚至消灭了中间环节,重构了商业链条。①

03 联网:中国传统企业开启 O2O 新模式

对于传统企业来说,互联网化的第三步就是联网。曾鸣谈道:"互联网最终是一个大网,把越来越多的点连在一起。很多企业完成了在线和互动之后还是线性结构,还用原来的方法服务客户,只是跟客户的关系变成了直接的。你并没有充分利用互联网的更大价值,就是联网。你有没有可能跟同样的企业有更多的协同? 你跟上下游的关系可不可以有新的组合? 原来看起来完全不搭界的服务,会不会有一个混搭创新的机会? 这些只有在联网之后才会发生。"

在曾鸣看来,在互联网时代,所有行业都不能置身事外,都必须联网。联也得联,不网也得网。曾鸣举例说:"出租车、快递、餐饮外卖、采购,等等,这些原来不搭界的事情,都放在一张网上连接起来的时候,你会发现,也许它们中有很多的服务环节可以被利用,有很多的增值服务可以交叉销售甚至重新组合。当你有越来越多的东西能连在一起的时候,就会产生很多的快速反应。"在这里,我们从七匹狼的 O2O 战略开始谈起。

提及七匹狼(福建七匹狼实业股份有限公司,简称"七匹狼"),很多营销专家都会认为是一家擅长军团营销的服装企业。

---

① 华为集团公司. 数字化重构新商业未来[N]. 中华工商时报,2014-01-17.

然而，七匹狼却在悄然地布局，有针对性地创建线下经销商的"商品交易平台"。在互联化的号角声中，七匹狼向着O2O的炮火不断前进。

为了更好地实施O2O战略，七匹狼将运营总部从以服饰产业闻名的福建泉州搬迁至互联网发达的厦门。当然，七匹狼的这一举动不仅仅表现在地理位置的变化上，更是贴近互联网思维的转变。七匹狼作为一家传统服装企业，积极地拥抱互联网，实施O2O战略，开展电子商务，渐渐地实行互联网化。

资料显示，七匹狼拥有3000多家线下实体店铺，这为七匹狼实施O2O战略打下了一个坚实的基础，也使七匹狼的O2O战略收到了不俗的效果。从2011年开始，七匹狼电子商务的业绩保持了300％以上的发展速度。

为了更好地实施O2O战略，七匹狼特意"空降"新任七匹狼电子商务总监钟涛，意在加速七匹狼电子商务的战略规划。

对此，钟涛在接受媒体采访时介绍说："我们一直在思考，到了哪个阶段，分销商能真正成为整个电子商务的主角，让品牌商还原零售的本质？"在钟涛看来，擅长传统营销的经营者一旦深刻地理解了互联网的精髓，特别是掌握了互联网营销的手段和技术，远比那些在互联网上有先发优势但不太懂营销的经营者更加厉害。这就是七匹狼发力O2O战略的意图所在——创建"网络分销商的门户"，即一个传统企业品牌互联网分销商的管理平台。

为了避免组织松散和管理混乱，七匹狼对于会员、客户和品牌传播力并没有统一标准，各经销商经常会因为利益的纠纷产生各种冲突等，七匹狼因此创建了有序可控的分销体系。

据钟涛介绍，七匹狼的具体操作是这样的：七匹狼把所有的分销商进行统一分类，擅长新店推广的归为一类、擅长做爆款的归为一类、擅长做尾货处理的归为一类、擅长做数据营销分析的归为一类。然后,把这些分销商按照电子商务的 7 大块基础点有针对性地分拆出来,各自寻找合适的店铺,重点扶植,相互补充。这样的举措使得同样是销售,侧重点却有所不同。

在营销中,七匹狼非常注重差异化,在产品上,七匹狼进行有效区隔,即相同的产品用营销方式进行区隔,相同的营销方式用产品进行区隔。钟涛举例说:"比如有 50 款销量超过 800 件的 T 恤,就要把款式分配给各个分销商。"即使在七匹狼的连锁店中,不同店铺也都有 20% ~ 30% 的产品进行区隔。

为了有效地推进互联网化,从 2011 年开始,七匹狼开启了多元化的电商平台,不再局限于淘宝一家。这是因为,淘宝的营销形式更像"巷道战",没有太多的攻守空间。竞争对手、新老客户都挤在一起"血拼",没有纵深,过于密集,在那里延伸品牌和繁衍生息非常困难。事实上,当今 B2C 平台的多元化,造成了营销方式的多元化。不同的客户族群所处的平台不同,使得营销方式必须适应不同的平台。对此,钟涛解释说:"只要我们对 B2C 市场的形态进行细分,找到符合客户生态的分销商,就是一个完整的军团。"

事实上,O2O 战略是一个系统工程,需要渐渐地实施。为了配合 O2O 战略,七匹狼将店铺从一线城市向二、三线城市下沉。截至 2010 年年底,七匹狼的终端销售网点已经达到 3525 家。如此庞大的线下体系为七匹狼 O2O 战略的成功实施提供了条件,因为线上线下的打通和补充是 O2O 战略的关键。七匹狼为此打造了一个打通线上线下的、针对广大线下经销商的"商品交易平台"。

在本案例中,七匹狼和其他传统连锁企业一样,在开始互联网化时也害怕 O2O 战略会引起渠道冲突。然而,在 O2O 战略的试水中,七匹狼已经看到了未来传统电商的终极目标——O2O联动。为了达到这个目标，七匹狼正在一步一步地推进电子商务业务。

为了实现O2O线上线下联动的终极目标，七匹狼使实体店铺与网店相互补充，用网络去延伸实体店的丰富度。由于积分是互通的，这就保障了线下线上的便利性和权益，改善了用户体验。线上会员的特权也可以在线下实现，顾客无论是线下线上，都能同时享受到一样的服务。①

---

① 孙彤.七匹狼：拥抱"O2O"营销[J].中国品牌,2012(4).

第8章　传统企业互联网化的四个层次

随着云计算和互联网（包括移动互联网）的普及和发展，传统企业互联网化已经是大势所趋。在互联网化的大势到来之时，易观国际高级副总裁刘怡认为，企业互联网化通常分为四个层次：一是营销互联网化；二是渠道互联网化；三是产品互联网化；四是运营互联网化。很多企业在部署互联网化的过程中，都是围绕这四个方面不断进行尝试、创新，最终推动自身业务的腾飞、升级。[①]

01 营销互联网化

在当下的互联网时代，随着个性化需求越来越细化，不管是大众消费品牌，还是高端消费市场，都不可能凭借一个拥有大众影响力的明星在主流媒体上代言，就把所有的广告受众纳入囊中。这是因为，在互联网化的过程中，多元化的传播渠道更为宽泛，受众也更为分散。

---

① 高少华.企业互联网化渐成趋势［EB/OL］. http://news. xinhuanet. com/fortune/2014-06/28/c_1111363382. htm，2014-06-28.

作为传统企业的欧莱雅，为了更好地实施互联网化，也不得不放下傲慢与偏见。2013 年 8 月 15 日，当互联网的影响席卷而来时，傲慢的传统企业欧莱雅意识到互联网正在改变传统的推广模式和消费者需求。为了适应这种新变化，欧莱雅奢侈品部门特此推出了一个全新的化妆品线——"EM by 米歇尔·潘"。

在消费者的意识中，欧莱雅奢侈品部门向来以"高大上"著称。选择形象代言人时，往往选择时尚大咖，如乔治·阿玛尼、拉尔夫·劳伦，等等。

既然欧莱雅为米歇尔·潘推出一个全新的化妆品线，足可见米歇尔·潘的份量。米歇尔·潘为何能够赢得"高大上"的国际品牌的垂青呢？

米歇尔·潘是越南裔美国人，1987 年 4 月 11 日出生于马萨诸塞州。米歇尔·潘是一位业余化妆师，又是 IQQU 化妆品牌的设计者，现任兰蔻美国官网彩妆产品代言人。在米歇尔·潘的事业中，最为抢眼的是在视频网站 YouTube 上发布的彩妆视频。米歇尔·潘拥有近 700 万的全球观众，该视频点击量近 10 亿次。

在米歇尔·潘的推广和营销中，不管是近两年的广告代言，还是其创业经历，都是完全建立在 YouTube 视频基础之上的。这可能就是米歇尔·潘无论是创业还是代言，都没有停止过在视频网站 YouTube 上每周更新彩妆视频的关键因素。

众所周知，欧莱雅奢侈品部门拥有兰蔻、植春秀、碧欧泉等国际知名品牌，曾经邀请过国际影坛明星朱莉娅·罗伯茨、安妮·海瑟薇等作为广告代言人。

正是因为看中米歇尔·潘的影响力，欧莱雅才选择其为广告代言人。这也是欧莱雅放弃高贵企业形象，而去与网络视频明星米歇尔·潘深度合作的关键原因。

反观欧莱雅的品牌推广可以发现，早在 2010 年，欧莱雅奢侈品部门就开始与米歇尔·潘合作，让米歇尔·潘签约成为兰蔻品牌的代言化妆师。不仅如此，米歇尔·潘每月还会推出并推荐兰蔻产品的化妆视频。

米歇尔·潘的视频传播显然是奏效的,不仅提升了欧莱雅兰蔻品牌的知名度,还提升了其品牌的口碑。为了更好地贴近互联网,欧莱雅不得不顺应市场趋势,因为互联网时代下的市场已经发生了巨大的变化,主要体现为以下三个方面:

首先,主流审美已经由观众选择,而不是被行业权威引导。在互联网时代,传播渠道不再是一种稀缺的资源。像博客、微博、播客这样的传播介质已经遍地都是,而且其发布门槛也很低,只要拥有互联网,就可以注册和登录发布视频及文字等信息。

当互联网把自媒体的渠道打通之后,内容制造商们已经不再把行业权威作为控制渠道的重点,在这场争夺战中,主要是为了吸引内容受众的目光。作为传统企业品牌的欧莱雅,同样放弃了曾经只通过传统广告时段来影响消费受众的做法。

在这样的背景下,米歇尔·潘的化妆视频得到了受众的广泛青睐,其接近 10 亿次的点击量足以证明行业权威已经不能完全影响消费受众的选择。从欧莱雅选择与米歇尔·潘合作中可以看出,"主流审美开始由大多数人来主动决定,而不再是被动接受,让行业权威牵着走。不但如此,大众品味还会反过来影响行业权威对于自身的定位。而品牌再把自己束之高阁,无疑是和自己的顾客越走越远"。①

其次,互联网背景下的草根文化已经影响了品牌的推广和销售。我们发现,米歇尔·潘和同时代互联网背景下的自造明星一样,其特征较为明显:一是拥有一技之长;二是平民背景;三是不断地在 YouTube 等社交网络平台发布自制内容;四是与粉丝互动。

由此可见,在互联网基础上的自媒体已经日趋普遍,即使是国际品牌欧莱雅,也不得不放弃只邀请大众影响力的明星代言以及在主流媒体上投

---

① 陈一佳. 欧莱雅互联网营销去明星化〔EB/OL〕. http://finance. sina. com. cn/zl/international/20140725/133319820024. shtml,2014-07-25.

放广告就万事大吉的营销推广。自媒体的拓展，使得内容传播渠道更为宽广，尽管网络群体变得更加分散了，但是每个群体的共性却在加强。

当然，这也正是欧莱雅看中米歇尔·潘的地方。因为米歇尔·潘的受众不仅拥有数量可测算的点击率，还可以从欣赏和消费取向分析中拓展精准的定向营销渠道。为此，路透社电视财经记者及评论员陈一佳撰文指出："对于品牌来说，优势在于，第一，很容易判断这是不是你要的群体；第二，很好定位向他们宣传什么，用什么语言和手法去宣传；第三，可以及时获得他们的反馈并进行调整。当然，作为大众品牌，可能需要依靠类似的渠道就比较多，但总体来说可能更加有效。其实，不光是市场营销策略开始走群体化，产品开发也是这样。受众更加明确的状况下，更容易给他们提供最适合的产品。"①

再者，传统企业的市场营销越来越互联网化。欧莱雅在对米歇尔·潘产品线的定制中，不仅仅标注米歇尔·潘的名字，还在新产品线中继续沿用米歇尔·潘的视频营销、社交网络、会员制等营销手段，其目的无疑是希望米歇尔·潘产品线能够脱颖而出。

欧莱雅推行营销互联网化的目的在于，让产品和形象代言直接成为网络的销售途径。互联网下的受众消费，其场所已经被网络化和移动化。为此，陈一佳撰文指出："在产业链上的这两个环节的结合也变成了顺理成章的事。除了减少经营成本，对于品牌来说，产品销售成功也可能跟着提高，一方面产品和受众相关度提高了，另一方面冲动消费的可能会增加。"②

作为世界上最大的美妆公司，欧莱雅已经开始慢慢尝试进一步适应网络时代的品牌策略，选择米歇尔·潘就是其中的重要一步。但有一点是不变的，即欧莱雅依然是通过选择对的、符合时代的人去树立自己的品牌。而在大众做主的网络时代，这个面孔必然走向平民化。③

①②③　陈一佳. 欧莱雅互联网营销去明星化［EB/OL］. http://finance. sina. cn/zl/international/20140725/133319820024. shtml，2014-07-25.

02 渠道互联网化

随着互联网技术在中国的高速发展和普及,以及网络基础设施的不断完善,网络应用通道已经伸向了中国经济发展领域的各个角落。在这样的战略机遇中,越来越多的传统企业获得了更为广阔的发展空间,也因此逐步迈上了互联网化的信息高速公路,其销售业绩也得到了大幅度攀升。

众所周知,由于受到互联网思维的影响,互联网化的运营和管理模式正在冲击传统企业原有的商业模式、渠道、营销、产品内容和业务服务,等等。因此,传统企业原有的渠道商业模式已经不能完全适应新时代的发展需求。由于传统企业原有的渠道市场份额遭遇电子商务的影响而在不断地减少,传统企业向电子商务领域的转型,即渠道互联网化也就在必然之中。

2014 年 10 月,联想创始人柳传志的一条语音短信犹如一声惊雷,引起了媒体和观察家们的广泛关注,同时也激发了联想控股旗下农业板块——"佳沃",进行互联网营销的尝试。

在互联网时代,传统企业的企业家们都在挖掘互联网蓝海市场中属于自己的"长尾",即使是联想创始人柳传志也不例外。柳传志凭借自己的金字招牌,把定位高端的"柳桃"放在互联网上进行一次伟大的尝试——全部通过互联网渠道进行推广和销售。

为此,一些媒体观察者撰文指出,"佳沃"作为联想旗下的农业板块,此次"触网"不是转化率和购买力的问题,主要还是主动地拥抱互联网,对互联网营销进行深层次的探索。

究其原因,3 公斤的"柳桃"价格定在 198 元,而 3.3 公斤的"潘苹果"价格定为 88 元。同类的黄心猕猴桃,其市场价格仅为 40 元/公斤左右,苹果的市场价格也只有约 10 元/公斤。

尽管名人水果价格昂贵，但是在"柳桃"、"潘苹果"上市之后，名人水果却纷纷在中国刮起了不小的市场旋风。不可否认的是，名人水果的售价往往要高出同类产品很多倍，但却不减消费者的购买热情，这些农产品依旧销售火爆。

在这样的背景下，作为联想创始人的柳传志可谓是中国改革开放后的第一代企业家，居然在"罗辑思维"平台上征集"柳桃"的营销方案，特地为"怎么卖好一颗柳桃"发布英雄榜。这其实是在给新一季的佳沃猕猴桃上市做足了预热，不得不让观察者们惊讶与敬佩柳传志的"不耻下问"。

当"柳桃"的营销方案征集活动发布之后，立即得到了回应，不到一周已经收到了 3000 个方案。佳沃董事长陈绍鹏介绍说："我不是网络达人，也许真 OUT（落伍）了。网友和牛人大大超出预期……"

对于陈绍鹏来说，在 IT 行业打拼了 20 年，在几年前转去为联想控股开辟农业板块，互联网思维的影子却身在其中。在此次品牌营销事件的尝试中，给陈绍鹏冲击最大还是互联网带来的高效链接和到达率。

与陈绍鹏一样关注互联网的还有柳传志，在互联网广发英雄帖之后，特别是刚开始的几天，柳传志时常会观看网络达人和网友们的反馈建议，如把猕猴桃做成彩蛋、定制下午茶版、把"柳桃"更名为"传志桃"……

很有创意的营销方案纷至沓来，也让柳传志不得不叹服互联网的巨大力量。柳传志不仅密切关注着网友们的这些互动，同时还参与其中。对此，佳沃为社群和网友们定制了"柳桃"的专项体验装，未来一季中还会把可操作性强的方案予以落地。柳传志也亲自选择了两本自己读过并受启发很大的书，作为礼物放在答谢装里回馈给网友们。[①]

当知名度提升之后，接下来就是设计新颖的包装。据陈绍鹏介绍，为了更好地迎合互联网化时代的变化，"柳桃"在产品包装上，进行了特别设

---

① 丁蕊. 联想如何用互联网思维卖"柳桃"？［EB/OL］. http：//finance. sina. com. cn/360desktop/zl/china/20141017/150020570134. shtml，2014-10-17.

计。在陈绍鹏看来,互联网时代的农产品已经不再局限在传统的论斤称了,必须以现代小型化包装才能满足消费者的需求。2014 年,"柳桃"将此前的大盒版本全部改为小型化。主打 6 只装,少数体验版则是 4 只装。陈绍鹏说:"现在是可以挑选这盒那盒,而不是捏这个捏那个。"

在互联网时代,改变的不仅仅是农产品的包装,更重要的是人们的商业思维。通俗地说,互联网的核心思维是"对用户好"。陈绍鹏说:"快递打开后,咣咣咣三个盒直接放冰箱,不像原来从盒子里取出来放到保鲜袋里再放进冰箱,过去都不是现代化的包装思维。"

正是这样的思维,产生了与之配套的包装设计,不仅赢得了消费者的认可,同时矩形的盒子设计也让当下的互联网物流配送更为高效,环保和包材方面也更讲究。

当万事俱备之后,互联网拓展渠道已经刻不容缓。佳沃通过各平台搭建旗舰店进行全网分销,没有采用传统的自建电商渠道方式。2014 年"双十一"节,"柳桃"联合天猫启动全球首发预售,从 2014 年 11 月 15 日开始,"柳桃"接受消费者的订单,猕猴桃采果上市后送达。

相比工业制品,生鲜农产品拥有更短的周期和单个个体的独特性,要配合海量、限时的订单销售,需要各方面资源的精妙配合。陈绍鹏说:"这是阿里巴巴上市后,天猫的第一个'双十一',也是首次将生鲜纳入其中,希望通过好公司好产品引领生鲜的购物狂欢。"

在天猫平台上,"柳桃"产品分为两盒 12 粒、三盒 18 粒,后者定价为149 元。

根据相关资料显示,佳沃集团的猕猴桃分为"佳沃"和"悠然"两个品牌,2013 年其整体产量有 3000 多吨,销售额近 1 亿元。2014 年整体产量翻倍,达到了 6000 吨的总规模。"柳桃"是佳沃品牌的所有产品中挑选最优卖相单独打造的高端品牌。

销售"柳桃"其实是为了利用这个品牌带动整个佳沃的影响力。在此次"柳桃"的推广和销售中,柳传志交给陈绍鹏的核心任务是,将佳沃打造成有产品承载、体现情怀的品牌，"拥有品牌，把品牌打响，让消费者信任它，然后赚取一定的品牌溢价"。

03 产品互联网化

传统企业在互联网化的过程中，产品必须互联网化，否则，用户是很难被打动的。对此，零点研究咨询集团董事长袁岳在"传统企业的转型布局"主题论坛上，就传统经济和新经济的结合发表了自己的看法。

袁岳坦言："很多在互联网上的传播和交易之所以不挣钱，是因为交易的产品不够互联网化，这是很多非传统企业的压力和机会所在。因此，对于传统企业而言，转型不是简单地做一个传播或者交易平台，而是让自己的产品达到互联网时代的黏性。"

袁岳提醒传统企业的经营者说："互联网化的产品是基于跟互联网上的消费者充分、适度的交流，而且要把消费者激励起来……这是传统企业重获新生的机会。"

袁岳的看法很有前瞻性，因为三个前提已经改变了。"第一个前提是，人在互联网化的过程中被改变了。普通的消费者，或者一个企业作为一个商业的顾客，他被改变的就是借助于互联网，今天他的信息化的程度非常高，几乎达到无所不知的程度。所以，这时候的消费者跟以前的消费者是不一样的。第二，今天在互联网，尤其是在移动互联网上的消费者，他看一个东西，从喜欢到不喜欢，从新鲜到不新鲜，这个周期是非常短的。服装现在就是 15 天，到 15 天之后，觉得买一个衣服就是旧的，周期很短。第三，娱乐观和审美观不一样了，比如过去很多人跑到购物中心，觉得购物中心挺棒的。但是，对一个 20 岁的女孩子来说，她觉得购物中心很差劲，因为购物中心店的动态性太差。所以从年轻一代来看，购物中心他们不会有那么大的兴趣，因为它是老牌的，是传统的。所以，当人被互联网改变的时候，为人服务的产品和服务就要相应的改变。"①

在袁岳看来:"以前我们理解的互联网,在互联网上传播东西,新媒体,自媒体,这是互联网。我们知道在互联网上卖东西,淘宝、阿里巴巴这是互联网平台。但是,在互联网上传播和卖的东西真的会挣钱吗? 很多人开的店是不挣钱的。这说明我们拿来交易的产品不够互联网化。这是今天对我们很多传统企业和非传统企业,包括像小米这样的公司,既是机会,也是压力所在。所以,在这个意义上来说,是我们今年传统企业的巨大机会,不是简单要做一个传播网站,不是简单做一个交易平台,而是让这个产品达到互联网时代的黏性,或者消费者看了是非常喜欢的程度。互联网化的消费者喜欢的东西和非互联网化不怎么上网、偶尔上网者喜欢的东西是很不一样的,美学观念差别很大。"②

事实证明,对于传统企业来说,产品互联网化,除了简单的指某样产品利用互联网平台和技术从事生产和商务营销活动外,还有运用互联网思维发现和创造投资者和消费者的需求,从而有针对性地设计和生产产品。

究其原因,在互联网时代的背景下,消费者对传统企业商品的认知和接受不仅是传统的广告推广和宣传,更多的是用户在使用、体验后的较好口碑宣传。消费者的认知和需求发生了改变,特别是在互联网运用越来越普及的大趋势下,互联网显然已经极大地改变了人类的生活。

当用户对商品有了体验之后,常常会在一些专业网站上发帖记录自己体验后的感受,这些评论已经成为传统企业互联网化之后的重要数据信息。为了更好地实施产品互联网化,传统企业将大部分产品信息都发布在互联网上,以便于用户得到更快、更便捷的搜索体验。这些信息包括产品介绍、价格、服务,等等,真正地为用户实现了"货比三家"、"质量保证"的认知和接受需求,为有效地满足消费者的需求或者挖掘消费者的潜在需求提

---

①② 崔成媛. 袁岳:互联网企业之所以不挣钱是因为产品不能互联网化[EB/OL]. http://finance.jrj.com.cn/2014/12/18161018561323.shtml,2014-12-18.

供了技术支持。

在滚滚洪流般的互联网浪潮下，对于传统制造企业来说，不变革、拒绝产品互联网化就注定要落后，甚至要被淘汰。这样的观点得到了时任工业和信息化部副部长杨学山的认可。在第十一届中国制造业管理国际论坛上，杨学山告诫中国传统企业的经营者说："在互联网思维下，市场的生产模式、商业模式，乃至创新方式都在发生变化，制造业企业不变革就要落后挨打。中国制造业发展的大方向和大趋势就是要从制造大国走向制造强国，构建成具有国际竞争力的现代产业体系。为了实现这个目标，一定要充分利用中国的比较优势、制度优势，走符合中国国情的新型工业化发展道路。"

在杨学山看来，中国制造业正面临在新技术体系推动下的新的发展机遇，互联网、信息化、数字化环境下，中国制造企业要用融合思维来考虑自身的发展。在这样的背景下，机遇与挑战并存，即传统制造企业在转型过程中赢得机遇的同时，也面临着一系列的困难：第一，劳动力成本上升引发的制造业成本上升是无法逆转的；第二，制造业的发展面临资源环境的刚性约束，资本和市场的力量很难解决；第三，制造业发展正面临着在新技术体系推动下的新的发展机遇。①

在机遇与困难面前，杨学山建议传统企业的经营者："互联网思维下的中国制造的核心还是中国制造，还是要生产出满足需求的各种产品，要有成本优势、质量优势、品牌优势，说到底要有国际竞争优势。企业要从本质上理解它，而不仅仅是考虑互联网来了，企业应该怎么办；更不要把互联网和传统制造业对立起来，那不是互联网思维下的中国制造，不是两化融合。每一个企业都要树立发展目标，并结合在行业、产业链和地区的位置找到切入点，形成自己的核心竞争力，从而形成中国制造的核心竞争力。"

---

① 王熙. 传统制造业产品互联网化将在 2015 年爆发［EB/OL］. http://www.cww. net. cn/news/html/2015/1/6/201516169212315. htm, 2015-01-06.

工信部部长苗圩也给传统企业的经营者支招说:"互联网技术发展正在对传统制造业的发展方式带来颠覆性、革命性的影响。信息网络技术的广泛应用,可以实时感知、采集、监控生产过程中产生的大量数据,促进生产过程的无缝衔接和企业间的协同制造,实现生产系统的智能分析和决策优化,使智能、网络制造、柔性制造成为生产方式变革的方向,制造业互联网化正成为一种大趋势。"[①]

既然产品互联网化对于传统企业非常重要,那么互联网是如何颠覆传统企业的产品制造的呢?

信息和网络技术不仅广泛地渗透和影响了制造业,同时还带来了工业互联网、工业云、大数据等新的生产思维。研究发现,制造业互联网化的鲜明特征有:智能产品、众包设计、智能制造、在线服务以及基于互联网的新型商业模式等。

对此,美国参数技术公司(PTC)全球 CEO 詹姆斯·贺普曼在论坛上发表了他对互联网变革传统制造的三点看法。

第一,原先硬件创造的价值正在被软件创造的价值所共享,与硬件相关联的软件创造的价值将超越以往任何时候。

第二,联接为我们对智能硬件在软件方面的创新提供了新的选择,从而创造"新的智能"。云计算的颠覆性由此得到体现。在制造智能联接产品时,人们可以选择把大部分软件直接与硬件集成,这样可以得到更快的响应速度、较低的网络依赖程度和更高的安全性;也可以把所有的应用都放在云端,如此一来,硬件变成了终端接口,制造的复杂度就会大大降低,而所有有价值的应用都可以通过网络灵活配置,选择更广、更新、更快,硬件的价值也会因此降低;当然,也可以二者结合,把部分核心功能做成嵌入式软件,而把一些应用放在云端。[②]

---

①②王熙. 传统制造业产品互联网化将在 2015 年爆发[EB/OL]. http://www.cww. net. cn/news/html/2015/1/6/201516169212315. htm,2015-01-06.

第三,智能连接产品会带来商业模式的变化——从销售产品到销售服务。飞利浦照明的模式创新就是一个典型案例,他们改变了以往销售灯具的模式,与华盛顿地区的停车库签订为期10年的照明服务合同,并为这些车库安装LED灯。服务期间,飞利浦不仅需要提供高品质产品,还要持续做好服务——通过传感器、芯片让照明智能化,提供系统平台监控、运营和服务。从模式上来看,这是双赢的:用户得到他们需要的"舒适",制造商和服务提供商获得了稳定而源源不断的利润。①

在詹姆斯·贺普曼看来,信息技术、互联网和工业技术的结合,无疑会改变制造业产品的制造流程。一般地,传统企业只有提供给用户真正有需求的产品,才能提高产品本身的附加价值。

04 运营互联网化

"坦率地讲,到现在为止,中国还没有自己的管理思想,没有自己的管理模式。现有的管理模式都不适应互联网时代的要求,所以海尔要探索一种新的管理模式。"张瑞敏在中央党校发表演讲时谈到。

传统企业在积极转型的过程中,向互联网化方向靠近已经是当下最热的话题。不可否认的是,传统企业在互联网化时,其核心的"收入"问题已经由"销售收入"转向"运营收入"了。互联网化的结果使得传统企业由"销售导向型思维"向"运营导向型思维"转变。这场思维转变,如同一场传统企业的"商业思维"革命。

事实证明,越是优秀的、伟大的企业,越可能未觉察到互联网对其所在传统行业的"冲击",因为企业过于成功往往"掩盖"了其存在的潜在巨大危

---

① 王熙. 传统制造业产品互联网化将在2015年爆发[EB/OL]. http://www. cww. net. cn/news/html/2015/1/6/201516169212315. htm,2015-01-06.

机。正如美国著名管理专家吉姆·柯林斯所言:"优秀是伟大的敌人。这
正是这个世界上伟大的东西这么少的重要原因之一。我们没有伟大的学
校主要是因为我们有优秀的学校;我们没有伟大的政府主要是因为我们有
优秀的政府;很少人能经历伟大的人生,这主要是因为我们能比较轻松地
获得不错的生活。同样,大部分公司没有成为伟大的公司主要是因为它们
相对比较优秀——这正是它们的主要问题。"

在如今的互联网时代,优秀的传统企业同样面临这一问题。在阿里巴巴
旗下的支付宝由之前的用户支付转向揽储时,支付宝一夜之间就成为所有基
金公司"最具未来领袖气质的同行"。支付宝这种跨界颠覆给传统企业推行
互联网化带来了新的探索方向。当小米创始人雷军用互联网思维销售"小
米"时,从手机行业(通信)切入,横向扩展到电视(家庭娱乐),所到之处必得
用户"尖叫"。当麦刚、李明远和杨伟庆投资的"黄太吉煎饼",一分钱营销和
广告费用也没花,就把"黄太吉煎饼"知名度提升到火爆的程度时······①

刹那间,所有传统企业都警觉起来,因为犹如滔天巨浪的互联网已经
改变了传统企业的命运,一旦不及时互联网化,被互联网淘汰或者说被积
极互联网化的竞争者所淘汰就成了必然。

当严重的互联网化问题席卷传统企业时,经营者们可能会问,究竟该
怎么样推进互联网化呢?互联网专家认为,传统企业互联网化最重要的首
先是转变思想认知,互联网带来的新商业思维的核心是"运营"而不是"销
售",这两者有着根本性的不同(见表 2-8-1)。②

2014 年 3 月,易观国际董事长兼 CEO 于扬在第五届易观电商大会上
发言说,"互联网+"才是今天的传统企业应该走的路,所有的产品和服务,
都将回到行业本身。比如,零售的本质还是服务,媒体的本质还是要做出
好的内容吸引大家。对于互联网公司来说,认识互联网工具,意味着更好
地与传统企业结合。在该次大会上,于扬在演讲中谈道:

①②　王利杰.互联网化来袭,传统企业该如何转变思维?[J].创业邦,2013-11-04.

表 2-8-1 "运营"与"销售"的区别

运营	销售
关注用户	关注生意
重视服务	重视契约
注重长远	注重眼前
传播文化	贩卖商品
依赖营销	全靠广告
主导运营	主导销售

现在很多人都已经了解互联网化的含义了，但是大家还不了解互联网化的创造者是谁。互联网化这个概念在 2007 年提出来的时候，易观就做了进一步的描述，我们认为所有的企业会按照四个阶段的方式进行：营销互联网化—渠道互联网化—产品互联网化—运营互联网化。

七年过去了，我们今年去看互联网的发展，没有人想到互联网对我们的企业运营产生的改变会是如此巨大。让我们不禁感叹过去的"三十年河东，三十年河西"，变成了如今的"三个月河东，三个月河西"。

第一波企业的触网是从营销开始的。这就是为什么第一批上市的互联网企业往往来自于媒体，从而有了对天猫、京东、苏宁的认识。

今天我们看到手机上的 APP，以及很多硬件的智能化，其实就是产品的互联网化，这个过程正在进行中。未来是什么？我希望大家跟着我们一起见证，我们预测未来会是运营互联网化阶段。所有的企业都会成为互联网企业，企业将把客户关系、供应链关系、员工的协同，甚至企业内部很多的技术研发等全部放到互联网上，通过互联网的方式进行运营。

在于扬看来,"未来,所有企业都会成为互联网企业,而各企业的运营都将互联网化"。这不仅将提升传统企业的竞争优势,更是传统企业解决当下用户需求的一个有效手段。

第三部分 互联网：没有传奇，只有更传奇

> 在互联网时代，外部的变化非常快，而企业内部如果只考虑均衡，最终只会静止不前，只能等死。
>
> ——海尔集团首席执行官　张瑞敏

第 9 章　大数据已经重塑商业模式

互联网已经彻底改变了现有的商业模式。可以肯定地说,对于任何一个企业来说,都不可避免地变成了漂浮在数据海洋上的一艘艘孤舟。在当下这个黄金时代,只有那些通过数据能力驶入蓝海的企业,才能赢得非常丰厚的回报。因为在如今的商业世界里,用户数据分析的魔力时时都在影响传统企业的决策和经营。

01 大数据正在激发传统企业的用户需求

在碎片化的互联网时代,欣欣向荣的大数据已经开始重塑商业与消费者的关系。然而,尽管互联网已经开始改变传统企业的商业模式,但是成千上万的传统企业却依旧停留在盲人摸象的阶段。

可以说,这的确是一件非常可怕而又令人忧虑的事情。究其原因,随着商业信息的透明度加大,特别是在互联网时代的海量信息中出现的信息再次被分析和解读,曾经闭塞的商业模式已经一去不复返。在这个瞬息万变的时代,诺基亚、柯达、摩托罗拉等一批巨型企业的倒下,就是互联网时代巨轮碾压下的"先烈"。

当然，作为传统企业，要避免上述悲剧一个接一个地重演，就必须更好地与海量的大数据相融合，从而找到新的战略切入点，提升自身的竞争力，再次形成新的商业模式。

然而，由于大数据是新事物，一些传统企业的经营者往往容易陷入认识上的误区。通过对一些传统企业的经营者的调查得知，许多传统企业的经营者把大数据仅仅理解为一种函数或者是云计算而已。其实，传统企业在运营的过程中，需要的大数据是整合、利用、加工内部和外部数据的一整套科学的解决方案，即在整合、利用、加工内部和外部数据链的过程中所使用的全部技术。

举例来说，A传统企业对消费者的兴趣图谱进行需求分析，必须集中A传统企业的大数据，从后台的运营管理到前端流量的引入，再进行一整套数据结构的解析。在这个过程中，A传统企业这样做，最核心的就是三件事。

第一，提高A传统企业的效率。众所周知，如果把A传统企业的信息发给所有的消费者，则无疑是低效率的，甚至会导致巨大的浪费。

在广告投放中，如果把广告短信发送给某区域的所有人，显然浪费了A传统企业的巨大资源。如果A传统企业用大数据来分析，就可以有效地解决精准的广告投放问题。不可否认的是，仅仅从运营效率上分析，成千上万的传统企业在决策中通常缺乏数据的支撑。如果在决策之前采用大数据，则既可以更多地了解行业的竞争程度，同时也可以有效解决运营决策的精准性问题。

第二，降低A传统企业的成本。作为传统企业A，很多岗位其实没有必要拥有如此多的员工，完全可以减少人员。在广告投放时，也可以减少投放，这样就可以大幅度削减广告投放成本。正如奥美创始人大卫·奥格威所言："我知道50%的广告费是浪费的，但我不知道哪50%是浪费的。"不过，通过大数据，可以解决大卫·奥格威所困惑的问题，即大数据知道哪些广告可以不用投放。

第三,提高 A 传统企业对终端消费者的分析能力。因为个人消费者(用户)作为终端,A 作为一家传统企业,拥有的数据和分析能力可能是远远不够的,而通过大数据就可以提高 A 传统企业终端消费者的分析能力。究其原因,大数据真正的核心内涵是提高 A 传统企业的商业价值。

02 超市比父亲提前预知高中生顾客怀孕

众所周知,在一些传统企业中,其企业数据本身就蕴藏着巨大的商业价值。只不过,由于多种原因,企业经营者不懂得将有用的企业数据与没有价值的企业数据进行有效的区分。尽管这可能是一个较为棘手的问题,但是随着计算机技术和网络技术的普及,这样的问题已经不再是一个严重的问题。

当然,传统企业的经营者在日常管理中所掌握的顾客人员的消费情况、工资情况和客户消费记录,为传统企业的有效运转提供了至关重要的数据支撑,同时也为这些商业数据转化为具有商业价值的数据提供了直接的支持。例如,一段记录顾客如何在商店浏览购物的视频、顾客在购买商品前后的所作所为、客户通过社交网络来投诉、客户如何付款以及供应商喜欢的收款方式……

人们可能会认为,传统企业收集顾客信息的做法过于繁琐。显然,这种看法是不客观的。这是因为,传统企业可以通过对数据的有效利用发现新的需求,甚至找到竞争优势。

位于美国明尼苏达州的一家塔吉特门店遭到一名中年男子投诉,投诉的理由是,全美第二大零售商塔吉特将婴儿产品优惠券寄给他正在上高中的女儿。但在该中年男子投诉塔吉特之后没多久,他却主动打电话表示道歉。

究其原因是,该中年男子的女儿坦然承认自己真的怀孕了。那么,作为一家传统企业的零售商塔吉特，是如何比一位女孩的亲生父亲更早知道其怀孕消息的呢？

塔吉特百货知道该中年男子女儿怀孕，主要凭借分析顾客所有的购物数据，然后通过相关的关系综合分析，最终得出该年轻女顾客怀孕事情的真实状况。

具体的情况是，当每一位顾客首次到塔吉特刷会员卡购物时，顾客都会获得一组识别编号，这组编号包括顾客的姓名、性别、信用卡卡号、手机号码、电子邮件等非常详细的个人资料。

当顾客拥有这组编号后，只要在任何一个塔吉特门店购买商品，计算机系统都会自动记录顾客的消费明细、时间、金额等详细信息。塔吉特再从其他渠道取得顾客的统计资料之后，就能形成一个庞大的顾客数据库。塔吉特通过分析顾客的喜好与需求，就能知道顾客的消费习惯与购买需求。

塔吉特的数据库经验可以给中国传统企业提供借鉴，一旦比竞争对手更早更准确地捕捉到消费者的需求和购买信息，无疑就能占得先机。比如在塔吉特，统计师们经过对孕妇的消费习惯和需求进行无数次的测试和数据分析后得出一个对塔吉特十分有利的购物趋势，该购物趋势是：孕妇顾客在孕中后期会购买大量无味的润肤露；在头 20 周时，孕妇顾客有时会购买补充如钙、镁、锌等营养素；许多孕妇顾客都会购买肥皂和棉球，但是当有女性除了购买洗手液和毛巾以外，还突然开始大量采购无味肥皂和特大包装的棉球时，就意味着这部分孕妇顾客的预产期即将到来。

这样的准确预测基于塔吉特的数据库资料。统计师们往往会通过顾客内在的需求数据，从中精准地选出较为典型的 25 种商品，然后对这 25 种商品进行同步分析。在这样的数据基础之上，基本上就可以判断出哪部分顾客是孕妇，甚至还可以进一步估算出她们的预产期，在最恰当的时候给她们寄去最符合她们需要的优惠券，满足她们最实际的需求。

凭借分析消费者的购物需求和购物习惯数据，塔吉特的年营业收入从

2002 年的 440 亿美元增长到 2010 年的 670 亿美元。这样的销售业绩,数据分析可谓是功不可没。

塔吉特的数据分析说明,将顾客数据与其他数据集对照,或者以与众不同的方式分析解剖,就能让传统企业的销售模式发生翻天覆地的转变。不过,遗憾的是,成千上万的传统企业依旧只是将数据信息简单地堆在一起,仅将其作为满足传统治理规则而必须保存的信息加以处理,而不是将它们作为战略转变的工具。这就使得大数据和员工这两笔无法被竞争对手复制的财富不能发挥最大的作用。

在塔吉特这样的企业中,顾客数据不仅是管理决策的基础,更是对客户购物习惯和购物需求的深入了解,也是提升企业竞争优势的一个手段。一些专家甚至宣称,数据是传统企业的生命线,只有使数据在决策和行动时无缝且安全地流到决策层手中,数据的作用才会充分发挥出来。因此,要想让数据发挥作用,它们必须随时能为决策提供依据。

如今,数据中蕴含的巨大商业价值已经开始影响传统企业的经营和管理,这意味着数字经济并不只是数据科学家和高级开发员的"天下"了。数据的价值在于将正确的信息在正确的时间交付到正确的人手中。未来将属于那些能够驾驭其所拥有数据的公司,这些数据与公司自身的业务和客户相关,通过对数据的利用,公司可以发现新的洞见,找到新的竞争优势。[①]

03 大数据时代商业规则

对于任何一个传统企业的经营者而言,他们都非常关心一个问题,即商业世界的未来能否被准确预测呢?

在澳洲大陆未被发现前,17 世纪的欧洲人都认为,所有的天鹅都是白

---

①　汪亚青.大数据环境下的我国产业竞争优势转型[J].党政干部学刊,2014(11).

色的。这样的看法很容易被理解，主要是在当时，欧洲人所能见到的天鹅都是白色的。直到 1697 年，探险家在澳大利亚居然发现了黑天鹅，人们才知道以前的结论是片面的——并非所有的天鹅都是白色的。

对于鸟类学者来说，在有生之年能够见到第一只黑天鹅，无疑是人生之中最大的惊喜。当然，这不仅仅是鸟类学者发现黑天鹅这一事件的重要意义。这一事件证明了人类的认知是多么具有局限性——尽管欧洲人在观察了数百万只白色天鹅后才得出了"所有的天鹅都是白色的"结论，但是仅需一只黑天鹅就能将它彻底推翻。同样地，对于中国传统企业的经营者来说，目前就需要这样一只黑色的天鹅，尽管很多人都抗拒大数据。

每一天，我们的电子邮件都被保存在电邮供应商的日志文件中；我们的通话记录都被加上时间标记备份在电话公司的大容量硬盘上；我们何时何地买了什么东西，我们的喜好、品味以及支付能力都被信用卡提供商编目归档；我们的所有个人网页、空间、微博、即时通信文件，还有博客信息，都被保存在多个服务器上；我们的即时行踪完全被手机供应商掌握；我们的容貌和穿着打扮都被安装在各大商场和街角的摄像头捕捉并记录……①

或许，成天在网上冲浪的用户们压根也不太在意，不过，网民的这些生活和工作记录却被这些如雨后春笋般出现的数据库所记录的信息完整地串联了起来。在互联网技术非常完善的背景下，全球复杂网络权威巴拉巴西通过自己的多年研究得出一个结论——93％的人类行为是可以被预测的。如果真有 93％的人类行为可以被预测，这无疑将意味着，我们的商业行为同样可以进入可掌控的范围，而这就是企业数据里的秘密。②

其实，这样的结论并不是颠覆性的，因为在宇宙之中，万物皆有规律，即万物都在按照自身的规律不断地运动和发展着，不以人类的意志为转移。这就是为什么在宇宙中星球都会按照自己的轨道运转，就像我们体内的血液要按照血管而流这样才能循环。

①② 白灵，唐婷，傅文俊. 企业数据的秘密：未来可以预测[J]. 商界，2012(11).

　　其实，这些都不过是万物循环这一自身的规律要求而已。因此，人类只有遵照这些规律，并且使之为我所用，否则一旦人类不相信规律或者自觉不自觉地违背宇宙规律，那么必然会受到宇宙规律的惩罚，付出惨重的代价。这样的理论同样适用于传统企业对大数据的应用。正如巴拉巴西所言："当我们将生活数字化、公式化以及模型化的时候，我们会发现其实大家都非常相似。生活如此抵触随机运动，渴望朝更安全、更规则的方向发展。人类行为看上去很随意、很偶然，却极其容易被预测。"

　　在消费者的意识中，作为传统企业的沃尔玛与大数据没有半毛钱的关系。如果消费者这么认为，那就大错特错了。

　　消费者不知道的是，沃尔玛其实是最早通过分析大数据而受益的传统零售企业。在大数据这个概念提出以前，沃尔玛曾一度拥有世界上最大的数据仓库系统。沃尔玛通过该系统来对消费者购物行为等数据进行跟踪和分析。可以毫不夸张地说，沃尔玛是最了解消费者购物习惯的零售商之一，经典商业案例"啤酒与尿布"就是沃尔玛创造的。

　　2007 年，为了更好地利用大数据分析消费者的行为需求，沃尔玛建立了一个超大的数据中心，其存储能力非常强大，可以达到 4 拍（PB，petabyte）字节以上。在大数据的滚滚洪流下，《经济学人》（*The Economist*）杂志在 2010 年的一篇报道中为此高度评价沃尔玛的数据量十分惊人。该文指出，沃尔玛的数据量已经是美国国会图书馆的 167 倍，由此可见沃尔玛拥有的数据量有多么可观。

　　当然，沃尔玛拥有巨量的数据并非是一蹴而就的事情，而是慢慢积累起来的。早在 1969 年，尽管微型计算机在当时还尚未普及，但是沃尔玛已经开始使用大型计算机来跟踪存货的相关情况。

　　1974 年，沃尔玛就将其分销中心与各家商场通过计算机进行库存控制。1983 年，沃尔玛所有门店都开始采用条形码扫描系统。1987 年，沃尔玛完成了公司内部的卫星系统安装，该系统使得总部、分销中心和各个商场之间可以实现实时、双向的数据和声音传输。

正是沃尔玛采用在当时还是小众和超前的信息技术搜集和分析消费者的行为数据，才为其高速发展打下了坚实的基础。如今，在沃尔玛全世界最大的数据仓库中存储着数千家连锁店在 65 周内每一笔销售的详细记录，这使得业务人员可以通过分析购买行为更加了解他们的客户。

实际上，各个行业都出现了以数据分析为竞争形式的企业。这些企业当中，既有网络时代的新秀，如谷歌，也有经营了百年的品牌，如宝洁。它们都在数据分析的基础上与其他企业展开竞争，同时又都是行业中的佼佼者。这两个特点是相互联系的，也就是说，正是因为这些公司大规模地采用了数据分析的方法，它们才成为行业中的领先者。

塔吉特和沃尔玛的成功经验再一次表明，如今的大数据已经如一股洪流那样注入了传统企业，成为各个传统企业竞争力的重要组成部分。据麦肯锡公司预测，"数据将与企业的固定资产和人力资源一样，成为生产过程中的基本要素"。在瑞士达沃斯论坛上，一份题为《大数据，大影响》的报告同样认为，"数据已经成为一种新的经济资产类别，就像货币或黄金一样"。

在大数据时代，与传统企业的其他生产要素相比，数据具备更为独特的优势，如工业企业生产过程中的原材料，往往都有排他性，但是数据却很容易实现互联共享，使用数据的用户越多，其潜在的商业价值越大；数据也不像机器、厂房，会随着使用次数的增多而贬值，相反，重复使用可能使它增值。此外，此数据和彼数据如果能有机地结合到一起，可能就会产生新的信息和知识，并且实现大幅增值。[1]

麦肯锡的报告继而指出："已经有越来越多令人信服的证据表明，大数据将成为竞争的关键性基础，并成为下一波生产率提高、创新和为消费者创造价值的支柱。"

这样的结论已被百度发布的《90 后洞察报告》所证实。2014 年 9 月 3 日，2014 年百度世界大会在北京顺利召开，在百度 CBG（用户消费事业群

---

[1] 白灵，唐婷，傅文俊. 企业数据的秘密：大数据时代商业规则[J]. 商界，2012(12).

组)的论坛中,百度发布了一份《90 后洞察报告》。这份洞察报告以 90 后网民在百度全平台的行为数据和在贴吧 90 后"五观调查"中的主观认知态度为基准,试图撕下 90 后身上的标签,以大数据还原并解读"去标签后"的 90 后。[①]

在人们的传统认知中,90 后这个群体生活在一个物质环境相对优越的时代,对金钱缺乏正确的认识,过度消费严重,不知道"疾苦",也不懂得节约和节俭。然而,百度《90 后洞察报告》则客观地得出一个结论——90 后的消费观是,对广告无感,为喜欢而买单。在该报告中,90 后群体的消费观念并不盲目,其消费观是"消费,只因买来我喜欢"。

90 后群体在购买商品时,在决策影响因素中,质量、价格、外观排在了前三名,名牌与广告通常放到了最后。

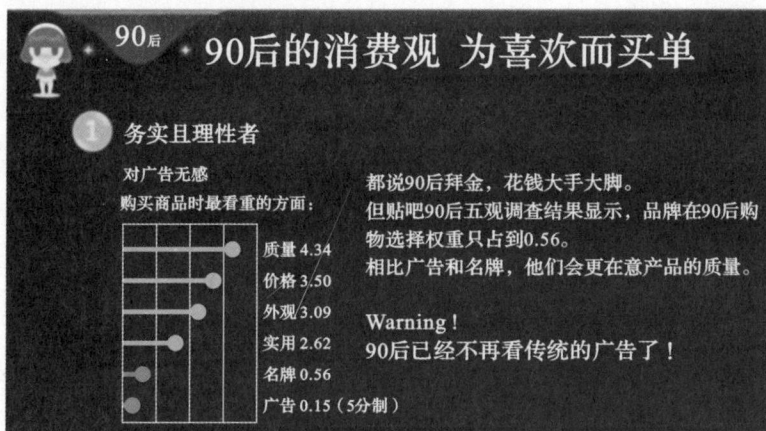

图 3-9-1　90 年后的消费调查数据

从图 3-9-1 中可以看出,对广告无感是 90 后的消费观。正如百度 CBG 发布报告时称,90 后是对广告无感的一代。而对于喜欢的东西,85.99％的

---

① 新浪科技. 百度《90 后洞察报告》:大数据解读 90 后[EB/OL]. http://tech. sina. com. cn/i/2014-09-03/23169593481. shtml,2014-09-03.

90后表示会通过打工挣钱、省吃俭用攒钱等途径想办法努力得到。所以"为一场演唱会，吃一个月馒头"在 90 后的消费观里属于再正常不过的行为。①

① 新浪科技. 百度《90 后洞察报告》：大数据解读 90 后［EB/OL］. http://tech. sina. com. cn/i/2014-09-03/23169593481. shtml，2014-09-03.

第 10 章　电子商务冲击传统家电渠道

硝烟弥漫的 O2O 战场,似乎整个话语权都在百度、阿里、腾讯手里,甚至有舆论认为,曾经叱咤风云的国美电器已经渐行渐远。同样,对于空调制造企业格力电器来说,电子商务正在冲击传统渠道,而且电商的思维可能会让格力电器对销售模式进行再次变革。

01 传统家电业和互联网之间的对峙刚刚开始

随着互联网的普及,越来越多的网民正在改变中国传统的商业模式。据中国互联网络信息中心(CNNIC)发布的第 33 次《中国互联网络发展状况统计报告》数据显示,截至 2013 年 12 月,中国网民规模达 6.18 亿,互联网普及率为 45.8%。其中,手机网民规模达 5 亿,继续保持稳定增长态势。较 2012 年年底提升 3.7 个百分点,整体网民规模增速保持放缓的态势(见图 3-10-1)。

该报告还显示,有 20.3% 的网购消费者有过在社交媒体上分享购物信息的经历,且这一比例仍在上升;而 28.2% 的网络购物网民表示,愿意购买别人在社交网站中推荐的商品,通过强关系的社交圈子分享则更佳,达到

图 3-10-1　中国网民规模与互联网普及率

81.3％。可见，由此兴起的网络消费推荐功能也将盘活越来越大的市场。①

　　从这组数据可以看出，在互联网这个蓝海市场上，潜在的商业价值已经是众多中国企业挖掘的一个新增利润点。在 2013 年，作为典型的中国家电连锁企业的国美，在电子商务的利润贡献方面，获得高速增长。据公开数据显示，2013 年，国美连续 4 个季度实现赢利，并且盈利额持续上升。仅就第四季度而言，国美收入同比增长就达到 17.6％，苏宁是－2.45％；国美同店增长达到 17.5％，苏宁仅有 1％；国美的毛利率更是达到 19.35％，而苏宁下降到 14.35％。②

　　我们根据以往的业绩分析发现，国美在 2012 年经历了其发展历史上的大倒退，即使 2013 年，国美全年营收仍然没有超过 2011 年的峰值。不过，从数字表面上看，国美曾经遭遇的"内斗"的影响已经消退，正在迈向高速发展的轨道。

　　在挖掘互联网商业模式方面，国美和苏宁都在尝试，同时也都进行了大量的网上广告投放，面临着线上线下的价格互博。国美甚至利用了国美

　　① 佚名.中国城镇化消费升级　互联网经济成主导［EB/OL］.http://www.chinairn.com/news/20140419/094254960.shtml，2014-04-19.
　　② 张鹰.国美 PK 苏宁，谁的路走对了？［N］.经济观察报，2014-04-30.

在线与库巴网两个网站。由此可见,传统家电业和互联网之间的对峙才刚刚开始。

不可否认的是,传统家电连锁企业的互联网渠道变革同样也会影响像格力电器这样的传统生产企业。在目前的渠道中,格力电器拥有上万家专卖店,面对电商发展迅猛的形势,往往采用实体店与电商并存的模式来协调其渠道的通畅。

面对实体店与电商并存的问题,董明珠认为,原来的格力专卖店一般是 50～90 平方米,最近格力大量进行店面升级改造,最大的专卖店已达到 1000 平方米。进去的不一定是格力品牌的产品,但一定是精品。

现在电子商务发展很快,但从品质、后续服务上看,特别是空调、净水器,销售之后还存在很多服务问题。而且,从网上购物不等于就不去逛街了。所以,虽然电商增加了销售渠道,但并不能替代实体店。店面的存在对人们来说不仅是购买,还是提供休闲体验的场所。因此,理想的状态下,应该是实体店与电商两者并存。

02 传统企业的电商业务被迫提上日程

在如今的互联网时代,传统企业正在面临一个脱胎换骨的转型,搜狐创始人张朝阳在一次演讲中甚至认为,中国互联网正在全面接管中国经济。

在张朝阳看来,互联网这块价值洼地的商业价值正在日益凸显。波士顿咨询公司的一份调研报告显示,到 2016 年,G20(二十国集团)的数字经济规模将达到 4.2 万亿美元。届时,互联网经济对于中国 GDP 的贡献将达到 6.9%,这一比例仅次于英国和韩国的同一数据。

的确,在中国,只有互联网行业真正做到了几乎纯粹的市场化竞争,互联网业才是最趋于公平的竞争行业。一个产品如果比竞争对手的产品强

10％，那么，它在网络上就会被成千倍地放大，这种指数的增长比线下的线性增长快速得多。所以，互联网行业容易产生最优秀的组织，具有更好的组织能力、创新能力、管理能力、营销能力。①

在这样的背景下，在2013年年底的经销商大会上，董明珠第一次明确提出格力要发展电商战略，尽管格力电器拥有上万家的专卖店，但是依然在抓住互联网的机会，因为互联网的价值实在是太诱人了。据奥维咨询发布的《2013年度家电市场整体及细分品类研究报告》显示，2013年线下家电销售规模为1.1291万亿元，增幅6％，而线上家电销售额尽管只有716亿元，增幅却高达79％，整体占比从2012年的3.6％提升到6％。

在白电制造商中，海尔最先站在互联网的起跑线上，这源于海尔集团CEO张瑞敏的战略思维。张瑞敏认为："如果把互联网时代作为一种混沌状态，这就意味着它一定是动态的，是不均衡的，而且一定是非线性的。那么，怎么去解决均衡即死亡的结？就像凯文·凯利在书里所说的，一定要做生态圈。因此，我们在2014年的工作，就是要通过持续优化并联平台的生态圈，使得我们的海尔可以生生不息。"

在这样的战略思维下，海尔进行了电商布局及平台搭建，而美的集团也在2013年10月新组建电商模块，同时推进各个事业部加强线上销售。

面对来势汹汹的互联网浪潮，2014年1月，格力电器发布2013年业绩快报：净利润为108.13亿元，同比增长46.53％，是公司成立以来的最高业绩增幅。据公开数据显示，格力就此成为首家年净利润超过百亿元的本土家电企业。格力站到了一个十字路口上，在新的竞争格局下，电商业务几乎是被迫提上了日程。

---

① 张小平. 中国互联网正在全面接管中国经济［EB/OL］. http://money. 163. com/14/0506/01/9RHC6OUI002551G6. html，2014-05-06.

03 融合线上线下的渠道优势刻不容缓

自 2013 年年底雷军与格力董事长董明珠开出了"10 亿元赌局"之后，传统的渠道是资产还是包袱，就成了媒体和研究者争论的焦点。

2014 年号称"传统产业电商化爆发元年"，在该年，移动互联时代线上线下的战争，让格力电器固有的渠道战略受到前所未有的挑战。其实，这场争论的结局并不重要，重要的是，对于格力电器而言，在互联网的大背景下，需要面对的不仅是一个庞大的渠道体系的重塑，而且还必须融合线上线下的渠道优势。

对此，董明珠坦言，电子商务是一种新的销售模式，作为一个新渠道，不能替代传统的实体商店，但这两者都是不可缺少的。董明珠绝对不是以盈利为目的来改变格力的销售模式，而是以服务更快捷、方便来增加服务方式。

电子商务之于格力电器，将会是一个服务方式的增加，它是为一部分人服务的。但格力必须解决目前网购可能存在的欺诈问题。比如在网上，两个空调看起来一样，却有很大的价格差，就可能存在偷工减料。董明珠觉得电子商务可以去尝试，但还是要坚持基本的销售原则。

事实上，在互联网已经广为普及的今天，基于长尾理论的电子商务渠道同样冲击着格力电器的渠道模式。因为在互联网上，不仅可以节约巨额的门店费用和人员工资，同时还可以把价格降到更低，从而把中间商的利润给分配掉。

尽管如此，一些不注重电子商务的空调企业还是摔了一个大跟头。2013 年 8 月 14 日，据工信部首次发布的《2013 上半年家电网购分析报告》显示：外资空调在电商平台上占据的市场份额非常低，如松下、大金、三菱电机等外资空调的市场占比还不到 1％。①

　　该家电网购分析报告还显示：2013 年 1—6 月，空调的线上销售量约为 105 万套，增幅超 100％；零售额近 30 亿元，增幅近 150％。在品牌格局上，国产品牌的强势在线上被进一步放大。奥克斯、志高、海信、科龙、长虹、TCL 等二线品牌的销量比 2012 年同期增长 10％。②

　　中国空调企业由于关注电商渠道的开发与建设，从而赢得了更多的机会。这就给格力电器涉足网上渠道带来了更大的信心。

　　在很多公开场合下，董明珠都向外宣称，格力电器已经注意到了互联网带来的变化。对于格力电器这样的制造企业来说，互联网的价值在于能够提升企业的效率，而非通过新的营销模式创造价值。

　　董明珠坦言："互联网实际上有提升企业效率的作用。比如，格力电器可以实现对全国所有中央空调的远程监控，消费者不知道该不该换，我们可以通过自身获取的数据进行分析，远程监控产品质量。互联网用在为消费者服务上，就不单单是一笔简单的买卖。"

　　在董明珠看来，"我们只忠于市场，市场需要我们做线上，我们就做线上，需要我们做线下，我们就做线下。实体经济转型升级，必须要有底线思维，那就是守住质量的底线"。

　　在这里，质量不单单是指产品的质量，还有服务的质量。因为在互联网时代，一切都必须以用户为核心。董明珠说："虽然这是互联网营销的时代，但最终决定输赢的还是技术和产品。格力电器有 5000 名非常专注的年轻技术人员，正是这些人使格力难以被超越。只要是消费者需要的，就是格力要做的。"

　　不过，对于格力电器来说，互联网渠道的影响已经不可能避免，有关渠道的变革和布局，仍然是格力无法回避的现实。③ 因为只有融合线上线下

---

① ② 朱江华. 中国空调业终极洗牌在即 寡头时代到来［N］. 郑州晚报，2013-08-23.
　③ 　屈丽丽. 格力突围天花板［N］. 中国经营报，2014-03-15.

的渠道优势,才能促使格力电器这艘大船安全远航。

　　一些分析师认为,对于格力电器而言,网购的兴起和新业务的拓展需要在原有的经销商体系基础上建立一个全国性的协商机制,配合公司的进一步发展;对经销商而言,建立一个全国性的协商机制和合作机制,有利于最大化格力渠道的价值,增加经销商的利润来源。①

---

　　① 佚名.格力电器:论格力的渠道演变与商业模式［EB/OL］. http://stock. eastmoney. com/news/1415,20130814314835367. html,2013-08-14.

第 11 章　互联网渠道正在踢娃哈哈的门

娃哈哈凭借独创的"一点、一网、一力"模式,即促销点、销售网、经销商的能力,已经成为中国企业渠道建设的经典成功案例。正是"联销体"渠道网络将娃哈哈打造成为中国最大的食品饮料生产企业,以及全球仅次于可口可乐、百事可乐、吉百利的第四大饮料生产企业。然而,随着互联网时代的到来,电商渠道已经开始踢娃哈哈这个传统企业的大门。因此,像娃哈哈这样的传统企业如果要继续保持高速发展,那么它的销售网必须突破传统的经销商体系,延伸向电子商务平台。娃哈哈正是通过"同源康"来探索电商销售渠道,并延伸其电子商务平台的。①

01 娃哈哈的电商之路已经不得不开启

当电子商务快速崛起时,传统销售渠道也在风雨中飘摇。由于电子商务强劲地冲击着传统的销售渠道,传统销售渠道的能力正在变得更加脆弱。

_____

① 中国广播网. 娃哈哈发力电商平台推健康营养 食品饮料成网购热点[EB/OL]. http://finance. cnr. cn/gs/201206/t20120618_509950316. shtml,2012-06-18.

　　事实上,在互联网时代,由于消费者购买方式的转变,互联网交易模式的巨大潜力正在被挖掘出来,其交易规模已经突破 10 万亿元。

　　据《2013 年度中国电子商务市场数据监测报告》的数据显示,截至 2013 年年底,中国电子商务市场交易规模达 10.2 万亿,同比增长 29.9%。其中,B2B 电子商务市场交易额达 8.2 万亿元,同比增长 31.2%。网络零售市场交易规模达 18851 亿元,同比增长 42.8%。[①]

　　从这组数据可以看出,中国电子商务市场的购买需求不仅旺盛,而且也正在从传统的零售渠道转向互联网。

　　2014 年 11 月 11 日,在位于浙江省杭州市阿里巴巴总部的 5 号报告厅里,大屏幕显示出了"13 点 31 分,成交超过 2013 年'双 11'全天,感谢每一个人!"的宣传语。

　　在 2014 年 11 月 11 日 13 点 31 分,天猫在"双十一"节的交易额已经突破了 362 亿元,毫无悬念地打破了 2013 年"双十一"节由天猫创造的世界最大购物日成交纪录。[②]

　　2014 年 11 月 11 日 24 点,天猫在"双十一"节的交易额定格在了 57112181350 元(见图 3-11-1)。其中,销售了 300 多万盏台灯,20 多万件某品牌洗衣液,6 万条轮胎以及 5 万辆新车……

　　天猫网的销售渠道能够在短时间内达到近 600 亿元的销售业绩,无疑在一定程度上加速了宗庆后的渠道革命。如前所述,娃哈哈在多元化过程中屡屡受阻,特别是被誉为渠道变革的娃哈哈旗下高端百货商场,也处境艰难,发展欠佳。2012 年,宗庆后率领这艘巨轮试水高端百货业务,寻求多元化发展之路。2012 年 11 月,娃哈哈第一家欧洲精品商场 WAOW PLAZA 在杭州钱江新城正式开业。但这家商场的经营状况并不尽如人意。宗庆后在接受媒体采访时也坦称,"现在商场发展减缓,在逐步调整过程中"。

---

①　中国电子商务研究中心.2013 年度中国电子商务市场数据监测报告[D].2014(3).
②　刘笑嫣.天猫"双十一"交易额突破 571 亿元[N].重庆晨报,2014-11-12.

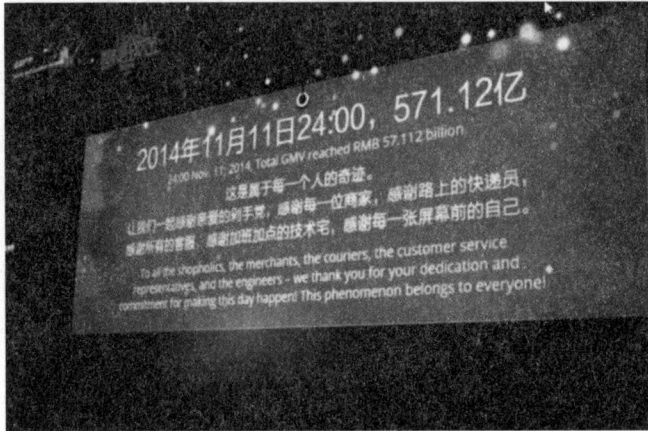

图 3-11-1   天猫在"双十一"节的交易额

面对目前风风火火的电商，特别是天猫一天近 600 亿元的销售业绩，娃哈哈未来是否会涉足电商，宗庆后并没有给出明确回答，只说"还在考虑中"。

宗庆后说："现在电商发展迅猛，加上国内反腐败的高压，高端市场需求减少。现在商场发展减缓，同时也在逐步调整过程之中，但是未来，我想电商有可能会回归实体形态，毕竟做低价做不长久。"

的确，从 1987 年白手起家卖汽水，到后来成立娃哈哈集团专注饮料行业，宗庆后用了 20 多年的时间将娃哈哈打造成为国内饮料行业巨头。不过，当强势的电商渠道已经冲击传统的卖场时，娃哈哈的电商之路已经不得不开启，因为互联网正在踢娃哈哈的大门。

02 娃哈哈探索电商渠道

在中国成千上万的传统企业之中，娃哈哈尽管拥有较强的传统渠道控制力，但为了更好地拓展其市场空间，也在进行渠道互联网化的探索。

在很多论坛上,一些咨询师曾提出过"为什么娃哈哈集团不在多元化战略中拓展电子商务"的问题。这是当年许多传统的快消食品企业非常关注的问题。

即使是娃哈哈集团,也在积极探索电子商务模式,宗庆后指出:"作为一种新生事物,电子商务是好东西,但它不可能完全取代传统的商业模式,没有必要把它看成洪水猛兽。传统商业与电子商务各有各的优势、各有各的地盘,可以共同发展。传统的商业模式只要找准电子商务的薄弱之处开展差异化竞争,通过不断探索新的发展路径,完全可以打开更加广阔的空间。"

在宗庆后看来,在新营销时代,面对新生代消费群,传统企业必须保持持续的营销创新能力、掌控好市场营销的运营、增强与新生代消费群的营销互动、在消费价值上带来更多的消费体验。这才是宗庆后给我们带来的思考甚至是反思。

在当下的互联网思维下,不管是传统企业,还是非传统企业,互联网的革新已经使企业家不得不重构渠道网络,仅仅凭借传统的渠道必然会受到互联网的冲击。在传统的食品企业中,食品 B2C 也正在得到越来越多的传统企业关注和探索。如中粮旗下的我买网、顺丰速递推出的顺丰优选、食品饮料集团的娃哈哈。

在朝向电商的探索中,娃哈哈集团不是像以前多元化那样强势介入,而是通过授权娃哈哈集团关联公司——杭州高端食品 B2C 电商平台"同源康",将其产品进行网上销售,以此来探索 B2C 行业的发展经验。

据公开的数据资料显示,同源康成立于 2011 年 3 月,注册资本 1000 万元人民币,现有员工一百多人,主要引进国际健康食品品牌,其中不乏为人熟知的大品牌。如美国最佳儿童辅食品牌禧贝,美国最佳儿童膳食补充品牌 Lil Critter,意大利橄榄油和葡萄籽油著名品牌奥尼和拉涅利,等等。

同源康线上业务主要通过入驻天猫、拍拍、京东等第三方商城及公司自己建立的 B2C 平台,销售中高端食品及营养品,同源康(杭州)与娃哈哈集团建立全球战略合作伙伴关系，将为娃哈哈开辟电子商务新领域，打造独立的食品行业电子商务平台，同时积极引进世界各地健康食品品牌，通过娃哈哈遍布全国的 10000 多家经销商体系，为所引进的品牌提供线上线下全方位的渠道销售支撑。

新浪科技崔西撰文披露的信息显示，同源康幕后负责人为杜建英，杜建英曾是娃哈哈集团党委书记，于 2008 年离开娃哈哈集团，但其依然是娃哈哈股东。不过，崔西在文中坦言，新浪科技连线娃哈哈官方时，对方称对此"不知情"。

在该文中，崔西研究发现，娃哈哈正在通过同源康探索电商的销售渠道模式。2011 年 8 月娃哈哈披露给媒体的新闻稿中显示，娃哈哈已经授权同源康通过网上商城销售娃哈哈的产品。如娃哈哈的"爱迪生奶粉"产品在电商渠道上的销售，全部是通过同源康进行销售的。除了奶粉系列产品，目前同源康销售的其他母婴类产品，也是以娃哈哈系列产品为主。

由此可以看出，娃哈哈正是通过与同源康的逐步合作来拓展互联网渠道，使得营销渠道互联网化。根据同源康官网披露的规划，今后其将在第三方商城及独立 B2C 上发力，通过电子商务及线下渠道，提供食品供应基地、研发、加工、销售、配送一体化的健康食品供应链，"努力成为中国健康食品电子商务的旗帜公司"。①

03 传统企业布局食品电商

2014 年 12 月 13 日，时任联想集团董事长柳传志在北京召开媒体会，与联想控股管理层共同介绍公司投资业务。

---

① 崔西. 传统企业布局食品电商：娃哈哈探索电商渠道［EB/OL］. http://tech. sina. com. cn/i/ec/2012-06-18/09427281441. shtml，2012-06-18.

在会上,柳传志说道:"移动互联网浪潮已经到来,哪个行业都躲不过去,只不过受冲击有快慢之分。媒体、电商等处于龙卷风中心的行业必须迅速做出反应,否则一年半载就有存亡之虞;而传统行业相对时间充裕,应当冷静调整,不要太激进全部推翻,否则会造成企业的混乱。"

柳传志之所以有这样的看法,是因为联想控股尽管以做个人电脑起家,但是目前主板业务不仅包括 IT 业和后来扩张的房地产和金融业,还以战略投资方式进入了农业、医疗、现代服务等新领域,将神州租车、安信颐和、拉卡拉等各领域领先公司也纳入联想旗下。此外,联想旗下三家资产管理公司还通过天使投资、风险投资和股权投资,投资了一批新兴互联网企业和高科技公司。2013 年,联想控股综合营业额为 2440 亿元,总资产为 2070 亿元。①

的确,联想的版图已经不仅仅局限在个人电脑领域。在最近几年,联想布局了一批新兴互联网企业,主要还是看中了移动互联网浪潮的巨大潜力。对此,柳传志坦言:"移动互联网浪潮堪比蒸汽革命,是所有行业从业者都要研究的事。"他强调:"联想旗下的联想之星就是要把草根打造成企业家,事实证明投资移动互联网公司越早越好。"不过,柳传志也承认:"投资这些移动互联网极早期企业的时候,以往投资经验往往无法适用。"

柳传志说道:"对这些年轻人所做的最新的事情,我们可能看不懂。就像一些 APP 可以上网找女朋友,像我这样的人怎么可能懂?但如果因为不懂而不投,那就耽误了,所以我们要努力看。"事实证明,柳传志的判断还是非常准确的。

正当娃哈哈集团在电商方面积极探索时,娃哈哈竞争对手之一的中粮集团也在积极地参与电商渠道的创建,中粮集团的做法更为直接——旗下品牌我买网已经具有一定的品牌知名度,并且依托中粮资源,食品范围覆

---

① 李芊. 柳传志:移动互联网浪潮已到 哪个行业都躲不过[EB/OL]. http://money. 163. com/14/1213/12/ADBHDKFP002526O3. htm,2014-12-13.

盖健康食品、进口食品、茶叶、早餐、生鲜、特产等。①

在传统行业中，涉足电商渠道的不只有娃哈哈和中粮集团，甚至连快递企业的顺丰速递也在积极地进入 B2C 领域。顺丰速递把自己的切入点放在食品领域：其全资设立的电商网站"顺丰优选"正式上线，主营中高端食品，提供休闲食品、水果、粮油副食等品类，还可以配送海鲜、冷饮、新鲜蔬菜等。

以上数据信息显示，当传统企业纷纷涉足高端食品领域时，其背后无疑是高端食品领域市场价值的高速增长。为此，正望咨询分析认为，食品品牌进军电子商务领域是大势所趋，将有越来越多资本和目光集中在这一领域。中粮集团董事长宁高宁曾透露，我买网已经获得数亿元人民币的风险投资。可以预见，随着娃哈哈集团等企业的曲线进入，这一领域将开始呈现出激烈竞争。②

---

①② 崔西. 传统企业布局食品电商：娃哈哈探索电商渠道［EB/OL］. http://tech. sina. com. cn/i/ec/2012-06-18/09427281441. shtml,2012-06-18.

第12章　网络危机公关已经不可避免

对于任何一个企业来说，网络自媒体的出现使得舆论危机、负面报道的发生范围从传统报刊、广播电视、门户网站等，扩展到成千上万的博客、微博、微信上。

如此迅速的危机事件扩散是很多企业经营者从未想过的。的确，在很多时候，消费者通常利用个人言论阵地——博客、微博随时随地对某个企业或产品消费发表满意或者不满意的言论。一旦这些不满意的言论在博客、微博上快速传播后，就很可能给企业带来无法预料的危机后果。因此，作为民营企业主，必须建立有效的网络危机预警体系，一旦发现有负面信息，应该及时地沟通和交流，将危机事件化解在萌芽状态。

01 负面网络危机正在蔓延

由于互联网的普及，频频爆发的各种危机事件的介质已经发生变化，从传统的媒介开始转向互联网的微博。较为典型的危机事件是，郭美美的微博炫富事件，导致"红十字会总会"危机爆发，危机的结果是撤销了"商业红十字会"；在微博上曝光的故宫危机事件中，如"失窃门"、"会所门"、"文物门"等"十重门"，让故宫危机如龙卷风一样迅速席卷开来；在微博上，王功权竟然利用自己的微博高调宣布私奔，引起投资界轰动一时；某局长竟然将微博当作聊天工具，直播其调情、开房的整个过程。

从以上种种危机可以看出，微时代危机，以微博为辐射核心的平台，开始将触角伸向现实生活的方方面面，并对公关管理提出了全新的挑战。①

由这些危机爆发的传播途径来看，网络已经成为企业危机扩散和蔓延的传播介质。不可否认的是，随着互联网的普及，越来越多的网民正在改变中国传统的危机管理模式。据中国互联网络信息中心（CNNIC）发布的第 34 次《中国互联网络发展状况统计报告》数据显示，截至 2014 年 6 月，中国网民规模达 6.32 亿，半互联网普及率为 46.9％。其中，手机网民规模达5.27 亿，较 2013 年年底提高 1.1 个百分点（见图 3-12-1）。

图 3-12-1 2010.6—2014.6 中国网民规模与互联网普及率

该统计报告显示，截至 2014 年 6 月，中国微博用户规模为 2.75 亿，较2013 年年底减少 543 万，网民使用率为 43.6％，与 2013 年年底相比相差不大。其中，手机微博用户数为 1.89 亿，相比 2013 年年底下降 794 万，使用率为 35.8％。

---

① 奥美公关.2012 微时代危机管理白皮书[J].国际公关,2013(4).

　　报告还显示,截至 2014 年 6 月,中国博客和个人空间用户规模为 4.44 亿,较 2013 年年底增加 772 万,增长率为 1.8%。网民中的使用率为 70.3%,比 2013 年年底略低。其中,博客的使用率为 19.3%,用户规模为 1.22 亿;个人空间的使用率为 65.1%,用户规模为 4.11 亿。

　　从第 34 次《中国互联网络发展状况统计报告》数据可以看出,中国微博用户数量巨大。纵观微博发展历程,2010 年是中国互联网的一个重要转折点,一些研究机构把 2010 年视为微博元年,也就是说,中国互联网因为微博而进入微时代。

　　在互联网的微时代下,每个网民都可以成为自媒体。究其原因,每个网民都可能成为信息传播链条上的制造者和传播者,即网民既是信息传播受众,也是传播媒介。因此,在这样的背景下,作为微时代传播媒介的代表之一,微博不仅成为一些企业品牌营销沟通的一个重要平台,同时,微博又在各类危机的爆发、传播和升级中扮演着愈加重要的角色。企业如果运用得当,可为其带来巨大利益,反之亦可成为杀伤力巨大的武器,给企业的形象造成极大的危机,甚至带来无法挽回的经济损失。[①]

　　据《2012 微时代危机管理白皮书》报告显示,在 2011 年十大品牌危机中,尽管传统危机名单与微博危机名单有一些不同,但是却有 8 个危机企业是相同的。2011 年十大品牌危机和 2011 年微博十大品牌危机的比较(见图 3-12-2)。[②]

　　据悉,以上数据的时间段为 2011 年 1 月 1 日至 2011 年 12 月 31 日。媒体热度为百度新闻搜索返回结果的总帖数,微博热度为新浪及腾讯微博搜索返回结果的总帖数。[③]

　　在这些危机品牌中,由于快速消费品行业与公众的生活休戚相关,其占据了十大危机榜单上的半壁江山。一些知名度较高、消费群体较大的品牌一旦发生危机事件,更容易在微博上引发消费者传播和议论。因此,在

────────────

①②③　奥美公关.2012 微时代危机管理白皮书[J].国际公关,2013(4).

2011年十大品牌危机	爆发时间	媒体热度
双汇瘦肉精事件	3月	73800
达芬奇产地门	7月	71900
本田召回国内标准不一	8月	46900
台湾品牌塑化剂事件	5月	44500
锦湖轮胎反炼胶新闻	3月	32600
奥的斯地铁扶梯事故	7月	26400
味千拉面勾兑门	7月	19100
CCTV曝光百度竞价排名	8月	18900
蒙牛牛奶黄曲霉素超标	12月	16400
强生婴儿洗发水含致癌成分	11月	12400

2011年微博十大品牌危机	爆发时间	微博在事件中的作用	微博热度
台湾品牌塑化剂事件	5月	引发热议，持续传播	1499140
蒙牛牛奶黄曲霉素超标	12月	引发热议，持续传播	903952
双汇瘦肉精事件	3月	引发热议，持续传播	632160
达芬奇产地门	7月	引发热议，持续传播	605376
西门子冰箱门	9月	引发热议，持续传播	396524
可口可乐美汁源投毒事件	11月	引发热议，持续传播	318956
锦湖轮胎反炼胶新闻	3月	引发热议，持续传播	277356
CCTV曝光百度竞价排名	8月	引发热议，持续传播	243308
强生婴儿洗发水含致癌成分	11月	引发热议，持续传播	169916
奥的斯地铁扶梯事故	7月	微博首发，持续直播	102652

图 3-12-2　2011 年十大品牌危机和 2011 年微博十大品牌危机的比较

微时代，当企业面对重大品牌危机事件时，不仅需要结合传统的危机管理体系，而且对于企业的危机管理提出了更高的要求。

这主要是因为微博已经成为引发企业危机爆发的源头之一，与传统的危机事件不同，网络传播更快，其特点见表 3-12-1。

表 3-12-1　传统危机和微时代危机的对比 ①

	传统危机	微时代危机
传播速度	传播速度通常以小时、天、周为单位	传播速度甚至以分、秒计算
传播渠道	由平媒广电进行播报	微博成为重要的危机爆发平台，与媒体互相联动，容易放大问题，使危机升级
传播角色	媒体担当着推动危机变化的重要角色	意见领袖成为推动危机变化的关键角色。事件的关联方（网民，当事人/品牌，媒体等）多立场、多观点多点传播。引发共鸣的普通网民会导致危机快速扩大
传播形式	相对单一的文字、图片或电视节目等	传播形式立体化、多样化，如借助视频、漫画、网络段子的恶搞、经典再创作等

---

① 奥美公关.2012 微时代危机管理白皮书[J].国际公关，2013(4).

	传统危机	微时代危机
传播情感	相对中立、客观	语言表达情绪化、个人情感成为推动传播的重要驱动因素
处理反馈	反馈意见收集困难、缓慢	危机处理的效果反馈更加及时,处理不当极易引发二次危机

在表 3-12-1 中,由于微博时代的危机更具传播性,特别是一些网络意见领袖具有较强的影响力,当这些意见领袖对某些产品和服务不满时,特别是通过微博发泄时,企业的负面信息将在微博上快速传播,这非常容易得到其他遭遇类似不愉快经历的消费者的响应。一旦基于“临时共性”的集体认同的人群聚集在一起,必然持续播报企业的负面消息,这样的事件将由可控的“个体协同”演变成不可控的“多边协同”,从而使得危机事件持续成为议论热点,如罗永浩砸西门子冰箱门引发的危机事件等。

在这样的背景下,微博就成为企业产品二次危机的重要传播平台,具体有如下三个方面:第一,一些微博用户对发生过危机的企业和品牌进行评点,引发再一次的危机发酵;第二,媒体在微博上的发帖会引起品牌危机在互联网平台上的二次传播;第三,意见领袖的转发,或者品牌的不当回应,也极有可能再度引起新一轮的热议和危机。如达芬奇家居失败的公关稿及新闻发布会,一次次将其置于负面舆论的中心,并导致其在中国内地市场 2011 年下半年营业额的骤降。①

02 网络危机与蝴蝶效应

由于网络危机本身的特点,与传统危机管理不同,其主要区别有如下

---

① 奥美公关.2012 微时代危机管理白皮书[J].国际公关,2013(4).

两点：第一，网络危机信息主要的传播方式是以博客、微博、论坛等网络传播为主，形成较大事件后影响传统媒体的传播方式；第二，网络危机信息的主要受众对象是网民——博客、微博、论坛等阅读者。因此，网络危机管理的主要目的是塑造企业在网络上的正面形象，平衡协调网民、博客、微博、论坛与企业的和谐关系，优化网络虚拟社会的心理环境，通过影响网民继而影响公众。

在最近几年的危机事件中，由于互联网的迅速传播，危机事件的影响力超乎民营企业主的想象。正是因为如此，网络危机事件成为民营企业主、研究者们关注的热门话题，如肯德基苏丹红事件、尼康相机拍照现黑斑点事件。

面对网络危机的巨大影响力，资深管理专家撰文指出，网络媒体可以让一个因为一次没有满足客户需要的公司在网上臭名远扬，可以一夜之间让某个企业的负面新闻满天飞，使其名誉扫地！①

一般地，当某些消费者在博客、微博上发表一些对产品或者服务的不满时，这样的抱怨尚处在危机事件的萌芽状态，当媒体跟进进行报道后，将引发大规模的媒体报道或者网络转载，从而使得危机事件真正地爆发，这个流程如图 3-12-3 所示。

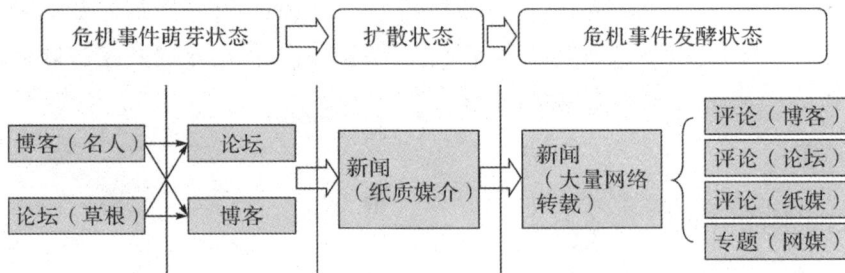

表 3-12-3　网络危机爆发的流程

---

① Progoing 在网络危机公关领域提出新见解［EB/OL］. http://sh. sohu. com/20090312/n262765812. shtml，2009-03-12.

当企业危机事件爆发后,负面新闻必定会出现在媒体的头条。在日常的危机管理中,通过广告费等来压制媒体层面,从而引导正面报道,淡化负面影响。但是,随着网络的普及和发展,从媒体角度考虑,报纸电视等媒体的信息承载量,时间效应远不如互联网媒体,而且互联网的负面信息可以持续相当长的一段时间。① 即使传统媒体已经不再报道的相关事件,在互联网上依然会以几何倍数扩大负面影响。

究其原因,网络危机事件常常起源于一些论坛、博客、微博。在很多危机事件中,"一篇博客日记或者论坛里的一句话,就可以引发一场雪崩。蝴蝶效应每天、每时、每刻都可以发生"。甚至有人撰文指出,"互联网在逐渐形成这样一种能力——可以轻易地把一个品牌举向天空,也可以在瞬间置它于死地"。不信,我们来看看尼康问题相机的危机案件事件。

日本企业对危机事件往往较为迟钝。在尼康 D600 问题相机中,洗不掉的黑斑问题始终困扰着消费者。在维修数次之后,一些消费者在网络上发帖表达了自己的不满。

石家庄的某影友发了一个名叫《使用尼康 D600 机器的摄影人是否要陷入掉渣门的终身烦恼》的帖子。

网名为"咔啪视觉"的武先生是第一个发帖的人。武先生介绍了折腾人的尼康 D600 问题相机。

2013 年 9 月,武先生购买了一台仅单机就花了近万元的尼康 D600 相机。由于宣称"防尘防潮",尽管价格昂贵,武先生也没有犹豫。

让武先生没有想到的是,刚使用不到一个月的尼康 D600 相机,就开始出现了掉灰掉渣现象。就这样,武先生开始到检修点

---

① 搜狐上海. Progoing 在网络危机公关领域提出新见解[EB/OL]. http://sh.sohu. com/20090312/n262765812. shtml,2009-03-12.

"清洗相机"。在短短三个多月里，竟然清洗过四五次，但是始终无法解决根本问题。

2013年春节前后，尼康公司不得不将武先生的相机更换快门，然而相机返回后只使用了一次，掉渣问题又开始出现。

武先生说："尼康D600被央视曝光后，我又找到经销商，要求彻底解决问题，但对方称尼康公司已声明，可以终生免费清洗。我不同意，认为这是相机质量存在缺陷。供应商却说解决不了，让找售后，之后就躲起来不见了。"

武先生在帖子中表达了自己的诉求："我们使用尼康D600的用户强烈呼吁尼康中国销售总公司给我们尼康D600的用户更换新机！"

由于尼康D600问题没有得到解决，武先生在石光摄影网上发帖子抱怨尼康公司的做法，立即得到很多影友跟帖响应与维权支持。摄影发烧友"悠哉一游哉"跟帖称：尼康啊尼康，你啥时候能换新机？我同样也陷入掉渣门的烦恼，一年中先后6次去售后清洗相机仍未解决掉渣问题，最后一次送北京更换了快门帘，可掉渣问题仍然存在。强烈要求尼康公司彻底解决D600相机"黑斑门"。

在2014年的3·15晚会上，中央电视台曝光了尼康D600相机存在质量问题。然而，尽管尼康D600问题相机被央视3·15晚会曝光"黑斑门"，尼康公司在官方网站上仅用256个字应对（见图3-12-4）。

尼康公司官方网站上的256个字回应如下：

致尊敬的尼康数码单反相机"D600"用户

您好！感谢您选用尼康数码相机产品。

我公司曾于2013年2月22日，发布了一篇《致尼康数码单反

图 3-12-4　致尊敬的尼康数码单反相机"D600"用户原件

相机 D600 用户》公告。针对用户指出的所拍摄画面内出现多个黑色颗粒状影像的现象,我们会收下用户的相机,检查并采取适当的处理措施。

对发生上述现象但已超出保修期的尼康 D600 数码单反相机,今后我们也将免费为用户提供相应的服务。

数码单反相机的结构使得这一现象的彻底防止在技术上极其困难,而在某些罕见的情形下,这些尘埃在影像中非常明显。因此我们希望以此服务来减轻该现象。

【解决方案】

如您按照用户手册"低通滤镜使用注意事项"中的记载步骤,对相机图像传感器进行清洁,或用气吹手动清洁后仍无法清除尘埃颗粒时,请与您最近的尼康售后服务中心或尼康特约维修站联系。我们将免费对相机进行检查、清洁,并进行快门等相关零部件的更换(相机的往返寄送费用由尼康公司承担)。

在这次危机事件中,尼康依然回避问题,并没有实质性地为消费者解决问题。按照国家的"三包"规定,相机因质量问题返修两次之后,可以退换产品。不过尼康辩称清灰不算修理,并以此拒绝给消费者更换新机,甚至还以雾霾有借口来推卸责任。

据媒体报道,尼康 D600 是 2012 年 9 月发布的全画幅数码单反相机,总像素达 2466 万,目前市面上的单机参考售价约为 9600 元。在过去几年间,这款相机一直被质疑存在设计制造缺陷。① 其后,由于尼康公司的推诿,中国媒体集中大规模报道,使得尼康问题相机的危机不断发酵。

不过,细心的消费者发现,尼康的措施根本没有解决实质问题,尼康 D600 用户拿着消不掉黑斑的相机,一次次地奔波在售后维修处。前述石家庄影友发的《使用尼康 D600 机器的摄影人是否要陷入掉渣门的终身烦恼》的帖子便引发了广大影友的强烈共鸣。

在维修数次之后,石家庄摄影家协会联合摄影峰会·群主联盟 QQ 群在其官网发布了《关于开展问题相机调查维护影友合法权益的公告》,并征集遭遇"掉渣"的影友一起维权。就这样,尼康公司的问题相机危机事件再次被激化,引发新一轮的危机。

一般地,网络危机管理的主要目的有两类:第一,利用博客、微博便捷传播的特点,迅速建立和当事人的博客,快速将企业动态、相关事件的内容传播给受众,以消除猜疑和负面消息,建立起正面引导;第二,通过建立起切实可行的博客、微博作者检测机制,对博文和博客、微博进行有重点、有目的地检测,以避免负面、误解的信息在网民和博客、微博中扩散,从而达到维护企业形象的目的。

在本案例中,由于尼康高层管理者没有意识到中国网民的力量,最终

---

① 张钰芸. 尼康 D600 拍出照片黑斑点点[N]. 新民晚报,2014-03-16.

让尼康在华的信誉严重受损。尼康公司漠视客户的投诉并非个案。由于一些企业不重视消费者投诉,结果使一些消费者的投诉迅速发酵,成为影响更多消费者的危机大事件。这无疑给企业有效应对危机管理增加了难度。

最近几年,一些因消费者投诉而导致的危机事件给中国民营企业主提供了很好的反面教材,如"日航中国乘客事件"、"东芝笔记本事件"、"尼康问题相机事件"、"丰田汽车召回事件",等等。这些都是因为企业没有对消费者的投诉给予足够的重视,采用了错误的处理方式,使得企业危机事件恶化,给企业带来了巨大的直接和间接损失。从长远来看,这些企业的间接损失对企业的影响比直接损失要大得多。

这是因为,消费者的投诉引起的蝴蝶效应(Butterfly Effect)足以让危机企业付出惨重的代价。关于蝴蝶效应,百度百科的解释是,蝴蝶效应是指在一个动力系统中,初始条件下微小的变化能带动整个系统的长期的巨大的连锁反应。因为任何事物的发展均存在定数与变数,事物在发展过程中发展轨迹有规律可循,同时也存在不可测的"变数",一个微小的变化能影响事物的发展,说明事物的发展具有复杂性。

蝴蝶效应最早发现于 20 世纪 60 年代,美国气象学家爱德华·罗伦兹(Edward N. Lorentz)在 1963 年的一篇提交给纽约科学院的论文中分析说:"一个气象学家提及,如果这个理论被证明正确,一只海鸥扇动翅膀足以永远改变天气变化。"

在后来的演讲和论文中,爱德华·罗伦兹用了更加形象的蝴蝶。不过,对于该效应最常见的阐述是:"一只南美洲亚马逊河流域热带雨林中的蝴蝶,偶尔扇动几下翅膀,可以在两周以后引起美国德克萨斯州的一场龙卷风。"

这是因为,蝴蝶扇动翅膀的运动会导致身边空气系统发生微小的变化,其产生微弱气流会引起周围空气发生相应变化,由此引起一个接一个的连锁反应,最终导致极大变化。

蝴蝶效应给民营企业主带来的启示是，一个看似微不足道的消费者投诉问题，在经过一系列演化后，极有可能导致一个无法控制的危机事件。因为当消费者投诉达到一定新闻价值后，媒体记者就会敏感地抓住，并不断进行专题报道，最终形成消费者投诉的危机事件（见图 3-12-5）。

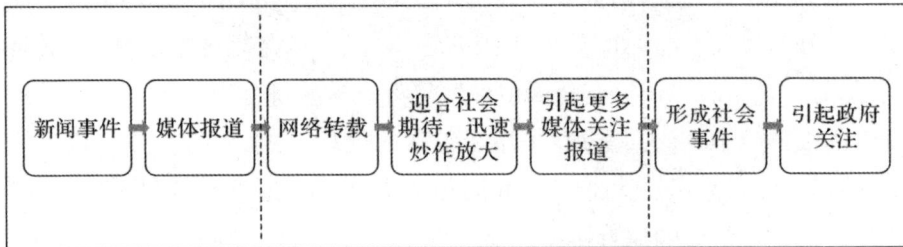

图 3-12-5　消费者投诉后导致的企业危机流程

其实，消费者投诉的"蝴蝶效应"每天都可能隐藏在企业中，因为企业主不可能完全免于消费者的投诉。这就需要企业正确地把握处理消费者投诉的时机，一旦企业走错一步，断送的可能不仅是辛苦打拼积累的底子，而且还有企业的发展前途。

在这些危机事件中，有一个相同点，那就是危机爆发的起点都在博客。对此，独立网络营销策划者陈格雷指出，几乎每一次企业危机都由博客或者论坛发起或者升级，网络危机将成为企业所要面临的常态，并大有取代传统媒体负面报道而成为心腹大患之势。[①]

03 建立网络危机预警系统

随着互联网应用的不断普及，据第 34 次《中国互联网络发展状况统计

---

① 商思林. 博客一句话可引发雪崩 被博客改变的企业公关[J]. 商务周刊,2007(5).

报告》显示,截至 2014 年 6 月,我国网民规模已达 6.32 亿。

在这样的背景下,互联网信息的受众日趋广泛和复杂。由于互联网本身的特点,传统媒体已经不再局限在自己的范围之中,通过官方网站发布一些即时信息,媒体信息的复制、传播速度正在大大地加快。在这种情况下,企业面临的危机管理也不断地呈现出新的特点,这就要求民营企业主对媒体新闻的反应速度不断提高。具体有如下三个特点:

第一,危机事件的防范更加困难。由于网络媒体的快速发展已经动摇了传统媒体的霸主地位,这就使得两者之间的竞争日趋激烈。为了吸引读者,一些职业敏感的网络媒体记者对爆炸性的新闻通常会进行专题报道,这使得潜在的企业经营危机隐患可能被媒体挖掘出来。

第二,危机事件的发展速度超乎想象。由于危机事件信息的迅速复制和传播,再加上信息受众的主动参与,如博客、微博、BBS、QQ 空间、贴吧等多种途径传播,危机事件将被迅速放大、恶化和蔓延。

第三,危机事件给企业造成的损失越来越大。由于受众广泛地参与其中,主动在博客或者微博、论坛等发布企业负面信息,危机事件若得不到妥善解决,企业的品牌形象将遭受更大的损害。品牌形象一旦被损害,企业将不得不花费大量的时间和投入来重建信任。一些企业正是因为品牌形象受损,其业绩开始一蹶不振。

面对新形势下的危机管理问题,作为民营企业主,只有建立网络危机预警系统,才能防范网络危机的爆发,这已经成为中外企业的当务之急。通常,网络危机预警系统主要有如下几个环节:网络监控、危机洞察、解决方案、公关执行、品牌提升(见图 3-12-6)。

在网络危机预警系统中,民营企业主只有把诸多环节执行到位,才可能有效防范危机。因此,当企业面对当前网络危机诸多不确定时,只有建立科学合理的危机管理机制,以及网络危机预警系统,才可能有效地进行危机管理。在很多企业中,危机管理机制主要包括危机管理制度和危机管理制度的组织执行两个部分。

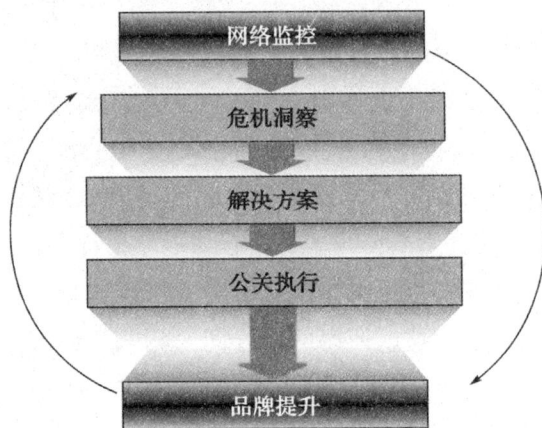

图 3-12-6　网络危机预警系统的环节

第一，危机管理制度。在当前的互联网时代，企业必须根据自身的实际情况，建立适合自身的危机管理制度，包括：界定危机的范围，网络监控、危机洞察、具体的危机预防措施，成立危机处理组织（紧急应变小组）的条件和方式，危机管理计划的制定，危机处理的原则、方法和过程控制，危机管理的评价，等等。

第二，危机管理制度的组织执行。一旦遭遇网络危机事件，企业必须立即启动危机管理机制，最大化地发挥网络危机预警系统的作用。当网络危机发酵时，企业必须严格执行危机管理制度，对危机事件进行有效处理，具体的流程按照图 3-12-5 进行。

事实证明，在实际的危机管理中，处理危机事件效率如何的关键在于，危机管理制度的合理性与网络危机预警系统执行到位的力度。因此，企业在执行危机管理制度时，必须注意如下几点：

第一，监控网络危机事件。最好的危机管理不是遇到危机时有多好的解决办法，而是事先预防。最简单的危机管理方式往往是最有效、最经济的。预防危机事件的效果关键在于企业的重视程度。一些企业由于缺乏危机管理防范意识，最终才让微小的危机事件发酵，最终为之付出惨重的代价。当然,监控网络危机事件并不意味着能保证所有的危机都能避免,但却能大大地降低危机事件的发生概率。一般地,监控网络危机事件是对所有可能发生危机后果进行列举,同时对其风险进行评估,最后确定是否是危机事件,这样往往能达到事半功倍的效果。

第二,鉴别危机事件的严重程度。当企业在监控网络危机事件时,一旦发现危机事件,就应立即鉴别危机事件的严重程度,从而有序地制定危机事件处理方案。比如当危机事件涉嫌对某民族尊严的侵犯时,一旦处理不好,就可能导致某个民族的抵制,这对任何一个企业而言都是一场灾难。

第三,快速地处理危机事件。一旦确认是危机事件,企业必须立即启动危机处理方案,否则,当危机发酵、蔓延、升级之后,不仅会增加危机事件解决的难度,其对企业的不良影响将更加不可控制。

第四,处理危机切不可因小失大。企业在处理危机事件中,付出危机成本和管理人员的精力是必须的,企业不能由于担心支出机会成本而因小失大。

第五,建立高效的信息传播系统。在处理危机事件时,企业需要建立高效的信息传播系统,其目的是为了更好地获得媒体的理解和支持。在处理危机事件时,以公开、坦诚、负责的态度,通过高效的信息传播系统与公众进行沟通,必要时承认错误,并给予受害者适当的补偿或者获得补偿的权利。

第六,通过危机事件提升品牌形象。必须承认,危机事件会损害企业的形象和信誉,虽然程度不同,但是其受到的损害是肯定的。不过,企业也可以通过解决危机事件,提升消费者的忠诚度。这类不仅成功解决危机事件,反而"因祸得福"的例子也是有的。

第13章　美国选民已经进入 YOU 时代

正如奥巴马所言,"我们创造了历史"。可以说在美国 2008 年、2012 年的总统大选中,不光是奥巴马创造了历史,那些长尾的选民同样创造了历史。

美国《时代》周刊在 2006 年 12 月 16 日评选出 2006 年度人物,不是具体的某个人,而是正在上网的"你"。没错,就是"你"。

《时代》周刊认为,正是千千万万个网民浏览网站、创建博客、视频共享网站和交友网站,才使网络信息爆炸性增长,推动传媒进入大众唱主角的时代。一句话,《时代》周刊认为,使用互联网的网民才是 2006 年度影响力最大的人。[①]

2008 年、2012 年,奥巴马利用互联网两次赢得美国总统大选,入主白宫。奥巴马当选美国总统,开启了一个平民和草根主宰自己命运的时代,也是全球平民们的心声,也是 YOU 的心声。可以说,奥巴马的获胜是草根的胜利,这也是时代发展的必然结果。而奥巴马的两次成功当选,足以说明"你"在互联网上的作用和力量。这也预示着美国选民已经进入 YOU 时代。

---

① 竞报. 恭喜"你"影响 2006[N]. 竞报,2006-12-18.

01 网民让英雄史观遭重创

事实证明,在 YOU 时代,成千上万的网民不仅改变了传统的商业模式,甚至还改变了美国的总统大选。奥巴马就是这个改写美国总统大选的人。

《时代》周刊编辑列夫·格罗斯曼写道:"由于你驾驭着全球媒体,建立并塑造了新的数字化民主社会,无偿提供内容并击败了专业媒体从业人员,《时代》周刊 2006 年的年度人物就是你。"

在刊登 2006 年的年度人物专题时,《时代》周刊在其封面设计了一个电脑屏幕及键盘。意思是,电脑屏幕就是一面镜子,网民可以通过镜子看到自己。当然,《时代》周刊也通过自己独特的设计来表达"你"是 2006 年的年度人物。

21 世纪的互联网时代,其实也是 YOU 时代的最好表达。事实证明,YOU 时代的到来,让人们的性格、价值观取向都发生了改变,人们的思想变得更加开放和自由。人们对大热门和权威开始表示怀疑,不再像 18 世纪、19 世纪那样更加崇拜明星,人们也开始大胆批判身边的官员和明星。这一切都说明一个严肃的问题,YOU 时代正在让权威开始失效。[①]

在大街上,有人问你一个问题:你上网吗? 如果答案是肯定的,那么恭喜你,你当选为美国《时代》周刊 2006 年度人物。

其实,在 2006 年的年度人物中,"你"击败的候选人中不仅仅有名人,而且还有硅谷的创业大亨。答案很简单,《时代》周刊认为,2006 年的年度人物就是每个使用互联网的网民。

---

① 磐石之心. 奥巴马胜在互联网 草根战胜权威[EB/OL]. http://www. cww. net. cn/news/html/2008/11/6/2008116943552254. htm,2008-11-06.

02 YOU 时代更容易获得选民的支持

从《时代》周刊杂志的评选中不难理解，网民已经让英雄史观遭到重创。可以说，博客、网络社区、社交网站、微博频频发力，受众透过自媒体展示着不可低估的传播力和影响力，成为《时代》周刊 2006 年的年度人物。

其实，《时代》周刊最初把美国前总统布什、美国前副总统切尼、美国前国防部长拉姆斯菲尔德、伊朗前总统艾哈迈迪·内贾德、委内瑞拉前总统查韦斯、古巴前领导人卡斯特罗、朝鲜前领导人金正日等 26 人列为 2006 年度人物候选人，但却放弃了将国家领导人成为 2006 年度人物。

对此，《时代》周刊编辑格罗斯曼在颁奖词中谈道：苏格兰哲学家托马斯·卡莱尔的英雄历史观认为，"世界的历史不过是伟人的传记而已"。在托马斯·卡莱尔看来，少数伟大人物决定着人类的命运。但是，随着 Web 2.0 的兴起，随着博客和视频网站的涌现，这种英雄史观在如今遭到了沉重打击。

就像美国《时代》周刊杂志所言，你是网民吗？如果"是"，那么你控制了信息时代。《时代》周刊编辑列夫·施滕格尔强调，互联网上的个人正在改变着信息时代的本质。从网民自行发布的巴格达冲突和伦敦地铁爆炸的图像，到喷涌而出的个人网上作品，这种新的全球神经系统正在改变人们感知世界的模式。对于芸芸众生而言，这些博客和视频比传统媒体更为及时，更加权威。①

在美国的总统大选中，奥巴马和麦凯恩两个候选人到底谁更权威呢？答案当然是麦凯恩。麦凯恩拥有美国海军背景，在越南战争中功绩赫赫。

---

① 佚名. You!《时代》年度人物就是你［EB/OL］. http：//tech. sina. com. cn/i/2006-12-18/12091293245. shtml，2006-12-18.

在权威方面,麦凯恩对奥巴马有着压倒性的优势。奥巴马不过是一个美国较低层的黑人参议员。

令人意外的是,拥有影响力和权威的麦凯恩并没有能够控制美国选民手中的投票权,相反,没有权威的奥巴马出人意料地获胜。

这究竟是为什么呢? 难道是"权威"失去作用了吗? 答案是肯定的。奥巴马有效利用互联网传播了变革、种族、医改等主张,赢得了更多的"草根"支持。

从这个角度来看,在互联网这个 YOU 时代,奥巴马需要的不仅是传递自己的政治主张和施政纲领,更重要的是,赢得网络选民的认可和支持。

事实证明,奥巴马做到了。对此,《时代》周刊编辑列夫·施滕格尔说:"我喜欢看到年度人物是一个人,不是计算机或者类似的东西。但是,我们只是觉得没有哪一位个人可以代表这一现象。"

03 草根已经迈入 YOU 时代

浏览网站,创建博客……推动传媒进入大众唱主角的时代,你就是《时代》年度人物。没错,就是"你"。正是在 YOU 时代,奥巴马胜选了,而且是两次。

在美国的大选过程中,奥巴马充分地利用了网络工具,如视频、播客、博客、微博、网页广告等,甚至还直接拉拢社区网站的站长,最大力度地争取到了网民的支持,这为最终赢得竞选打下坚实的基础。

反观奥巴马的总统竞选策略,特别是在网络营销方面,他尽量去同网络选民传递自己的观点。与麦凯恩相比,奥巴马除了年轻、活力四射、时尚,显然更懂得利用互联网的巨大作用。在竞选中,奥巴马频繁地把自己的竞选视频上传到网络中,对自己正面形象宣传起到了非常大的作用。

在与希拉里的角逐中,奥巴马和希拉里虽然都拥有明星般的个人魅力。然而相比之下，奥巴马的魅力和缺陷就如一把双刃剑紧紧地结合在一起。

《纽约每日新闻》政治评论家迈克·卢皮卡发表评论说，奥巴马的问题不在于他的"黑色"（指他的非洲血统），而在于他的"青色"（指没有经验）。

针对奥巴马的弱点，希拉里阵营常常不遗余力地加以攻击，奥巴马索性以子之矛攻子之盾。奥巴马引用了第42任美国总统威廉·杰斐逊·克林顿在1992年回应老布什说他没有经验的话："经验多少无关紧要，你的经验也许是有用的，也可能是无用的。我的经验植根于人民真正的生活当中，如果我们有勇气去改变，将带来美好的结果。"

这一策略非常奏效，它使得许多怀抱理想主义、不满美国现状的大学生，不愿意信任曾经投票支持伊拉克战争，至今拒绝道歉的希拉里，他们选择了年轻、没有经验却也没有历史包袱的奥巴马。比如，奥巴马发表了关于种族问题的37分钟演讲，点击量就超过上百万次，使奥巴马成为新一代网络"红人"。

对此，有营销专家撰文指出，奥巴马首先制造了喜好，而且长尾理论也清楚地告诉我们长尾的总和要远远大于大热门的总和，奥巴马利用喜好原理和互联网牢牢地控制了长尾，从而有效地抗击了麦凯恩的大热门。在利用喜好征服了草根一族的同时，奥巴马还不忘利用社会认同和互惠原理来牢牢地抓住这些草根的心。奥巴马宣称要更好地普及和开放互联网，这无疑是对网民的最好承诺，而且也因此获得了社会认同。①

在互联网时代，网民的力量足可以聚沙成塔。根据维基百科的说明，最初的互联网15年前由电脑工程师蒂姆·伯纳斯·李创建，目的是方便研究人员共享研究成果。如今，数以亿计的网民不但可以浏览网页，还可

---

① 磐石之心. 奥巴马胜在互联网 草根战胜权威［EB/OL］. http://www.cww.net.cn/news/html/2008/11/6/2008116943552254.htm，2008-11-06.

以在闲暇时间参与网站内容创建。①

反观奥巴马的总统大选,奥巴马成功利用互联网这个 YOU 时代平台,有效地将自己的互惠、社会认同、喜好传播得淋漓尽致。

在竞选中,奥巴马毫不讳言自己的信息———一个黑人,一个单亲家庭,一个曾经颓废的少年,一个不会收拾房子的男人,一个爱护妻儿的丈夫……

当奥巴马通过脸谱、推特、MySpace、YouTube 传播自己的平民形象时,无疑赢得了大多数"YOU"的认可。

---

① 陈济朋. 你就是《时代》年度人物[N]. 羊城晚报,2006-12-18.

第四部分　营销已经搬到网络上

传统企业借互联网模式发展，可总结为 3 个关键词——用户、体验、免费。首先要考虑的是用户，而不仅仅是掏钱买你东西的客户；其次，体验至上，设计出超预期的产品；再次，理解、利用互联网免费这一非常有杀伤力的模式。

——360 公司董事长　周鸿祎

第14章　博客营销

随着互联网技术的迅猛发展和博客的广泛应用,博客已经完全超越了"日志"的原始内含,融汇了信息传播、时事热评、情感交流、营销宣传等多种功能。在美国,总统竞选者的博客便是如此。

例如,美国总统竞选期间奥巴马对博客宣传的成功演绎便引得众多企业的借鉴和参考。其实,这都归功于博客营销的非官方传播功能。如今蓬勃发展的博客营销也由此悄然兴起,其营销模式可谓层出不穷。不可否认的是,越来越多的传统企业通过博客营销,撬开了互联网营销的财富之门。如法国一个葡萄酒生产商通过向某博客赠酒赢得不错的口碑,再通过口碑来扩大销售,获得了不错的社会和经济效应。

01 博客营销的本质是抓住非官方传播渠道

在当下的种种互联网营销中,博客营销已经发挥了其他媒体所不能替代的作用。无论是传播传统企业的产品,还是向用户传达某种消费需求;无论是在互联网上推广企业品牌,还是与读者互动,博客都已经深深地影响了传统企业的推广模式,成为其赢得用户认可和发表观点的重要介质。

与单一的广告和文字宣传相比，通过博客可以更全方位地、更系统地展示自己，可以更好地与读者互动。

正因为如此，传统企业的博客营销成功案例的示范效应已经迅速延伸到各个商业领域。许多实施博客营销战略的营销者已经获得博客营销背后的商业价值，而且赚得盆满钵溢。一些著名的跨国公司，如微软、惠普、宝洁、IBM、波音、迪斯尼、Oracle、通用汽车，等等，也早已先"知先觉地"洞察到网络经济时代博客所具有的无与伦比的传播优势，以及博客营销对市场可能造成的颠覆性影响，并率先开展博客营销，创造了令人瞩目的效益。

这里，我们来看看通用汽车的 FastLane 是如何进行博客营销的。

在互联网时代，仿佛一切皆有可能。美国通用汽车为了与用户互动，率先在美国汽车业创建了博客——FastLane 博客。该博客具有清新和亲切的特征，上线不久就成为最受欢迎的汽车企业博客之一。

然而，该博客能够大受欢迎，离不开博客主笔——美国汽车业传奇人物、通用汽车副总裁鲍勃·鲁兹的功劳。

在该博客上，鲍勃·鲁兹把话题主要集中在汽车设计、新产品、企业战略等方面。对此话题感兴趣的受众纷纷点击该博客，其日浏览数量达到了近 5000 人次，甚至对鲍勃·鲁兹提出的每个话题的评论都有 60～100 条。

那么，鲍勃·鲁兹是如何想到要创建博客的呢？时任通用北美公共关系副总裁盖瑞·葛雷特斯是这样介绍 FastLane 博客的创建过程的。盖瑞·葛雷特斯说："鲍勃·鲁兹，我们 73 岁的副主席，在一次坐飞机从欧洲回来时，看到一些博客有关于通用的帖子，他打算回应其中的一些问题。他说：'可是我要怎么回应呢？'"

正是这个棘手的问题成了通用汽车创建 FastLane 博客的契机。为此，通用公关部门的技术人员将鲍勃·鲁兹写的关于新"土星"车型设计的文章录入一个可供阅读的互联网模板中。FastLane 博客就这样诞生了，时间正好是 2005 年年初。

在互联网风起云涌的时代，早在 2004 年 10 月，通用汽车就已经重视互联网带来的变化了。为了适应这种变化,通用汽车创建了第一个博客——GM small-block engine blog,旨在纪念 small-block 发动机诞生 50 周年。

不过,FastLane 博客起到的作用更大,通用汽车非常清楚,在当今的自媒体时代,没有比互联网更有效的沟通渠道了。通过企业创建的博客,企业与用户之间就可以建立起直接沟通的渠道。为此,通用汽车开启了博客营销的引擎。

一旦发现用户提出问题,通用汽车公司就可以通过博客,在 24 小时之内解答其问题。通用汽车的博客自然成了一个为用户提供非常有效、便捷、直接交流的平台。

作为 FastLane 博客的主笔,鲍勃·鲁兹非常看重用户留下的长长的留言。究其原因,鲍勃·鲁兹从用户那里倾听到很多具有建设性的意见,即使其中有很多批评意见。它们给鲍勃·鲁兹提供了全新的市场需求信息。

为了客观地应对用户的留言,鲍勃·鲁兹在撰写文章时,不仅态度极为诚恳,在内容上力求深入,而言直接对用户对通用汽车各类正负面的评论作出回应。

在 FastLane 博客上,用户可以公开反馈自己的意见,哪怕是批评的建议也是允许的。这就是 FastLane 博客深受用户欢迎的关键原因。

正因为如此,用户、行业分析人士、媒体、企业界等都对 FastLane 博客有较高的评价,鲍勃·鲁兹也因此将 FastLane 博客誉为通用汽车的"脸面"。

鲍勃·鲁兹坦言,在车展上,很多媒体记者总是会告诉他自己对新"土星"和新的设计方向的诸多看法。不过,鲍勃·鲁兹却想听到更多人的意见,他说:"请在我们的博客上自由发言。"

通用汽车 FastLane 博客不仅能让用户参与设计和反馈自己的看法,同时还借助 FastLane 博客有效地进行了公关,因此成了博客营销故事中的精彩一笔。

事情是这样的,通用汽车为了整合资源,撤销了一部分原计划投效在

《洛杉矶时报》上的广告预算，撤回广告计划的不包括一些通用汽车的地方经销商。据纽约研究公司 TNS Media Intelligence 的数据统计，2004 年，通用汽车在《洛杉矶时报》上的广告费用将达到 2100 万美元。然而，实际广告费用不过 990 万美元。当通用汽车大幅度缩减广告费用时，一篇关于通用汽车撤销了在《洛杉矶时报》上的广告投放的负面报道开始传播。而其他媒体也开始报道该事件，其后该事件迅速传播，许多负面评论也随即而至。

为了平息这个危机事件，通用汽车通过 FastLane 博客刊发了真实的看法和意见，直接与用户沟通，最终有效地处理了此次危机事件。

在该危机事件中，盖瑞·葛雷特斯通过 FastLane 博客对用户说："通用汽车从这些批评中学到了很多东西。"

众所周知，在互联网时代，每个人都好比是媒体记者，个人意见同样会影响很多人。鲍勃·鲁兹说："这也是我为什么愿意及时、主动回答这些话题。"

在互联网化时代，自媒体的普及让消费者的参与感更强，中国传统企业的经营者应该从通用汽车的博客营销中找到些许借鉴。

不管是让用户参与设计，还是遇到危机事件，都要积极地直面用户关心的问题，不要表面上"高大上"，而要真正地解决用户关心的问题，否则很难赢得用户的好感。

确实，从通用汽车开通 FastLane 博客的案例中，我们需要反思：博客营销是一种新兴的营销模式，不管是跨国公司还是中小传统企业，都应该积极地将其应用在企业的营销和管理中，这样更有利于企业的发展。

如今，博客等非官方传播越来越体现出它们的巨大力量，很多企业的危机事件都是因为博客等非官方传播导致的。

一般地，在很多企业中，博客营销上的最大错位就是以官方传播的方式来运作这种非官方传播。非官方传播的特点是自下而上、互动、平等、双向的传播，而官方传播则是自上而下、控制、单向的传播。换句话说，官方传播更强调硬的推力,而博客营销这种非官方传播更强调自发的拉力。①

对此,致力于博客营销研究的学者周芝琴就曾公开表示:"非官方传播的博客营销已经改变传统营销模式。在如今激烈的市场竞争中,谁漠视博客营销,谁就将在市场营销中败北。"

02 "意见领袖"的营销价值

在博客营销中,"意见领袖"的营销价值不容忽视,这是博客营销与报纸、杂志、电视、广播不同的地方。曾经的报纸、杂志、电视、广播广告基本上都是大众传播式的,即单向传播式的,这就使得一些品牌产品在广告投放上消耗了大量资源。由于媒体自身的不同特点,受众注意力日趋分散,品牌推广成本越来越高。

然而,在博客营销中,博客传播的往往是影响,如同事、同行、趣味相投的网友等读者,很容易形成以小圈子为核心的分众传播。在这样的基础上容易实现"意见领袖"的价值主张,其营销价值非常巨大。

在美国大选中,博客营销的较量也在进行中。例如,在与奥巴马的竞争中,希拉里就曾通过博客发布了自己的竞选宣言,并且不断通过博客这一窗口展示着自己的政见和观点。选民可以在希拉里的博客发表对她的看法,希拉里的团队则会选择合适的博客放在首页进行推广。②

面对希拉里的博客营销攻势,奥巴马不仅需要通过自己的博客鲜明地树立起自己清新、年轻、锐意进取的候选人形象,提升自己的知名度,同时,还必须利用自己的博客最大化地打击竞争者。

---

① 金错刀. 非官方传播的 CEO 管理[J]. 新营销,2008(3).

② 佚名. 网络营销方法教学讲义 [EB/OL]. http://www. doc88. com/p-996319422897. html,2012-11-14.

奥巴马这样做不仅拉近了选民与自己的距离，也使他本人更具亲和力和竞争力。这就使奥巴马获得了一个绰号——"互联网总统"。

奥巴马不仅充分利用了互联网 Web 2.0 技术，使自己的博客营销发挥了前所未有的作用，同时长尾营销理论也被奥巴马用得出神入化，对其胜选产生了巨大的促进作用。

在 Web 2.0 时代，最佳的博客营销并不是简单、机械、盲目地策划几个概念，而是必须建立在博客引爆点的基础之上。

在奥巴马的博客营销中，奥巴马就谈到了种族问题。在美国，谈论种族问题一直都是一个敏感的问题。尽管奥巴马提出"代表全体美国人"、"美国不是白人的美国也不是黑人的美国，而是美国人的美国"的观点，但是仍有不少美国人坚持认为，奥巴马"不够黑"，因为奥巴马不是美国黑奴的后代。

这样的舆论曾让奥巴马陷入了一个非常尴尬的漩涡中：美国白人担心奥巴马胜选后，会将黑人利益放在白人利益之上；而黑人则担心奥巴马胜选后，不会照顾黑人的利益。这也是更多的黑人选择支持希拉里的真正原因。

来自美联社 2007 年 7 月的民意调查结果显示，奥巴马在美国黑人民主党员中的支持率只有 33％，而希拉里则获得了 46％的支持。奥巴马之所以能赢得胜利，是因为他的宣传方式改变了传统的总统竞选广告，其中网络宣传就发挥了巨大的作用。例如，奥巴马的网络社区就打动了无数草根选民的心，赢得多数长尾选民的支持也就不足为奇。[①] 因此，奥巴马要想实现"意见领袖"的营销价值，不仅仅需要智慧，更需要其竞选团队的共同努力和支持。

那么，博客营销相比于传统营销而言，其最大的区别在哪里？业内资深专家、博客中国创始人方兴东撰文指出，传统营销和博客营销之间并不

---

① 黄放. 敢于改变的奥巴马[J]. 世界知识，2008(1).

是互相颠覆和替代,对于传统营销和传统互动营销来说,博客营销开辟了一个全新的蓝海(见表 4-14-1)。

表 4-14-1　传统营销、传统互动营销和博客营销比较

三大模式	传统营销	传统互动营销	博客营销
主体	媒体(企业)	媒体(企业)	博客
传播方向	单向广播	双向半互动	多向全互动
传播模式	一对多	一对多互动	多对多
用户关系	被动	部分主动	主动
参与程度	不参与	部分参与	参与
适用媒体	传统媒体	网络媒体	博客媒体
可控性	控制	部分控制	不控制
模式比喻	大教堂模式	大教堂模式	大集市模式
经济规律	二八法则	二八法则	长尾理论
适合客户	大公司	中大公司	广谱的各种客户

　　事实证明,奥巴马出色地利用了博客营销。在两次总统竞选广告战中,奥巴马都利用了博客营销的强大威力。奥巴马的胜利代表着竞选媒体的革新,尤其是就网络互动的应用而言。在奥巴马筹集的超过 5.2 亿美元的竞选经费中,有超过 85% 的竞选经费来自互联网,其中绝大部分是不足 100 美元的小额捐款。凭借网络的力量,奥巴马的互动手法赢得的不仅仅是捐款,更是一张张珍贵的选票,以及伟大的美国梦的传奇。①

　　奥巴马的博客营销战略启示企业经营者,如今的博客营销早已成为一个可以持久发展的营销模式,其在凸显博客内含的同时也体现了博客的商业价值。这已经不是简单的广告传播,而是让用户真正参与和深度参与传播。

　　① 佚名. 奥巴马的网络营销[EB/OL]. http://wenku. baidu. com/view/04337ec4aa00b52acec7ca05. html,2011-10-20.

03 真正实现传播的小众化、专业化

如今，博客营销已经真正地实现了传播的小众化和专业化。在博客营销中，成功的前提是满足顾客个性化的消费需求。赛迪顾问发布的一份关于中国博客商业模式及投资前景的报告认为，未来影响博客市场持续发展的因素包括：培育成熟的赢利模式、充分挖掘现有用户的需求、完善已有的商业模式、加大和其他互联网应用的协作、重视互联网业务和无线业务的结合等。一旦这些问题全部或者部分得到解决，博客的赢利前景就将触手可及，服务商和用户从中赢利的目的也将迅速达成。[①]

反观奥巴马的博客营销战略，小众化、专业化的传播发挥了非常重要的作用（见表4-14-2）。

表 4-14-2　奥巴马的博客营销方法[②]

利用不同类型但同样重要的网站，传播竞选动态、反击谣言、提升形象	在博客营销中，奥巴马及其竞选团队利用不同类型但同样重要的网站，传播竞选动态、反击竞争者传播的谣言、提升奥巴马积极的正面形象，从而让支持者在第一时间了解奥巴马的竞选进程，并快速作出回应。同时，与支持者进行良性互动，将潜在的、可能存在的不良信息危机快速化解
网络精英帮助奥巴马将官方网站打造成了一个支持者的活动中心	在奥巴马的网络营销中，网络精英帮助奥巴马将官方网站打造成了一个支持者的活动中心。只要网民在"我的奥巴马"网站上注册，就能得到"我的奥巴马"网站的请求邮件，以及奥巴马的有关竞选动态

①　陈丹.博客市场向门户网站集中　赢利模式单一待深掘[N].通信信息报,2008-01-18.

②　余涛.同志们,现在向奥巴马学习他的网络营销[N].南方都市报,2008-11-15.

大量使用了 Web 2.0 元素	在奥巴马的网络营销中,奥巴马总统竞选团队设计了新颖的官方网站,特别是大量使用了 Web 2.0 元素。这些 Web 2.0 元素体现在:将"捐赠"的链接做成显目的红色小横条,方便网民阅览;将文字新闻、视频等详细的分类信息横列在页眉处,方便网民阅览;将"寻找事件""打电话""登记投票""志愿者"等最关键的助选内容和"奥巴马博客"放在页面第一屏的右上角和左下方,方便网民阅览;将奥巴马支持者分布地图放到网页底部,和奥巴马在脸谱、MySpace、YouTube 等网站的内容进行链接;支持者在网站上输入自己的邮政编码,就能得到所在地区为奥巴马进行助选活动的具体信息列表,并据此加入支持奥巴马的团体

与一般的互联网用户相比,博客读者更年轻,浏览网页的数量差不多是一般用户的两倍,同时在线购物也更多。这些受众通过博客发布信息,参与相互共享和交流,多角度、多方位地就他们感兴趣的话题进行分享,从而使得博客受众更加小众化。

这就意味着,博客营销要达到期望的效果,必须进行精细化,这不仅利于传播的小众化,同时也更加专业化。在众多博客中,每个博客都有各自的读者群,这些读者群往往是博客主的忠实读者,他们共同形成了一种规模宏大的多对多互动传播的小众化传播模式。[①]

这种小众化传播的商业价值更高,其细分也更加明确。来自广告互联(iab. com. cn)的统计结果显示,中文网上博客用户有着明显的职业特征。其中,较为清晰的职业包括传媒工作者、律师、教师、程序员、公务员、导游、作家、设计师、公关广告人、证券分析师、人力资源经理、医生、建筑师、学生,等等。这些用户的"同行交流圈"密切串联,彼此之间除"友情链接"外,还讨论同一话题、互为引用文章、共享知识信息,进而将某些需求激发出来。[②]

---

① 郝凤丽. 传播学视角下的博客研究[D]. 武汉理工大学硕士学位论文,2006.

② 佚名. 商业博客的威力[EB/OL]. http://www. doc88. com/p-943592256407. html, 2012-01-27.

从这个角度可以看出，博客营销的聚合效应已经越来越明显。一般地，有共同爱好、兴趣的人群更容易聚集。例如，电脑"发烧友"可以加入电脑圈子；数码产品"发烧友"可以加入数码圈子；热衷品茶的人可以加入品茶圈子，等等。

而博客人群圈子的划分，其实就是对博客人群进行一次消费分众的模式。从营销角度来讲，这样就极易形成一个定向准确的广告投放受众人群，更易实现营销效果。[①] 在奥巴马的总统竞选中，投放广告的依据就是针对小众化的选民特征。

04 向网民传递企业的品牌主张

在美国2008年、2012年的总统大选中，奥巴马深知博客营销的巨大作用。于是，奥巴马团队实施了博客营销战略。在美国，联邦选举委员会甚至正式裁定政治博客属于媒体，并将拥有媒体活动豁免权，不受到竞选募款法案的限制。

奥巴马在自己的博客里，与网民展开互动和讨论，不仅拉近了选民与自己的距离，更具亲和力，而且自己的政见、观点也表达得更全面，更具体，更有竞争力。[②]

毋庸置疑，博客营销的力量是巨大的，它不仅提升了奥巴马的巨大营销优势，而且还向基层选民传递了奥巴马的政治主张，从而可以为基层选民"定制"他们想要的政治主张和施政策略，最终夯实奥巴马的竞争优势，大大地提高基层选民对奥巴马的忠诚度。

---

① 吴辰光. 博客营销点击高端人群[N]. 北京商报，2007-03-21.
② 佚名. 向奥巴马学习网络营销[EB/OL]. http://lovelykewpie. i. sohu. com/blog/view/103968756. htm，2014.

　　这就为奥巴马打败麦凯恩、希拉里打下了坚实的基础,因为博客营销具有知识性、自主性、共享性等基本特征。

　　反观奥巴马的博客营销战略,不难发现,奥巴马之所以能赢得众多网民,特别是基层选民的认可,是因为奥巴马利用了博客非官方传播的巨大威力,并因而改变了美国总统选举长期以来的单一传播方式。

　　在奥巴马的总统竞选中,奥巴马团队在快速地建立竞选官方网站的同时,还把官方博客的内容做得有声有色。因为奥巴马团队深知网络传播的特点——广泛参与性、互动性、时效性(见表 4-14-3)。

表 4-14-3　网络传播的特点

广泛参与性	IDC(互联网数据中心)数据显示,使用 PC 上网的美国人将从 2012 年的 2.4 亿减少到 2016 年的 2.25 亿,而通过移动设备上网的美国人则会从 1.75 亿增长到 2.65 亿。如此广泛的参与性,是任何媒体所不能达到的。在奥巴马竞选总统的 2008 年,博客已经成为全球最热门的互联网词汇之一,全球参与博客的人数已经达数亿之众,而且每 5.8 秒就有一名新博客主诞生。如此庞大的受众基数,给奥巴马网络事件营销创造了极佳的条件,同时也是达到预期效果的一种保障
互动性	随着网络社区化的深入发展,传统的单方面信息传播已经被互动的信息传播所替代。网络的互动性主要体现在每个网民都有发言权,由于是匿名的,其发言的内容往往更加不受限制。对于实施网络营销的奥巴马团队而言,在实施网络事件营销中,不仅需要有利于奥巴马的文字、声音、图片、视频等,而且还需要与网民一起互动,引发丰富的联想和情感共鸣,从而达到互动传播的目的
时效性	在传统媒体中,时效性是非常重要的。由于网络本身的特点,网络传播的时效性更强,特别是随着移动上网工具的普及,其时效性是传统媒介不可比拟的。纸媒出版周期往往以天或周甚至月来计算;就算是广播、电视的播出周期通常也以天或者小时来计算,一旦加上节目时段安排的各种限制,其周期将会更长。而网络的更新周期往往是以分钟甚至以秒来计算,信息的发布和反馈都是即时的。随着信息碎片化的发展,网民不再需要传统媒介长篇大论的信息,一句话、一张图片便能达到信息传播的效果

第 15 章　微博营销

2015 年春节期间,微博、微信上充斥着大量的红包,使传统的乡愁失去了许多昔日的味道。但当用户在抢红包的时候,却不知这是企业的营销行为。很多传统企业的经营者,由于其自身的工作经历,并没有从红包事件中看出微博营销的重要性,也不愿意试水微博营销,甚至还有一些抵触。研究却发现,传统企业通过微博营销可以取得一举多得的营销效果,不仅仅能吸引更多用户的关注度,挖掘潜在的客户,同时还可以建立和提升传统企业的品牌形象。因此,传统企业的经营者应该改变固有的营销观念,通过微博营销将产品和企业推销出去已经刻不容缓。

01 褚橙的热销与微博营销

在当下的互联网时代,曾历经大起大落的"烟王"褚时健再次引起了媒体的关注。84 岁的褚时健凭借互联网,书写了一个亿万富翁的传奇。

《中国新闻周刊》是这样来评介褚时健的:少年时,他义无反顾地参加革命,却因反"右"不力被打成"右派";60 多岁时,他坐拥年创利税近 200 亿元的红塔帝国,说话如"圣旨",被尊称为"老爷子",后却因贪污罪被判无期徒刑；84 岁，他再次成为拥有 35 万株冰糖橙的亿万富翁，但却始终摆脱不了曾经"烟王"的阴影。这个曾被报告文学形容为像太阳一样灿烂的男人，淡然外表下的内心，似乎没有一个人能触碰到。①

以这样的语言来描述褚时健是非常合适的，因为在如今英雄辈出的时代，不要说是进入耄耋之年的褚时健，即使是 30 岁的年轻人，也未必能够书写这样的神奇故事。然而，在互联网时代，这样僵化的、桎梏的思维已经被彻底颠覆。褚时健自己可能也没有想到，褚橙不仅可以通过互联网来推广和销售，而且还销售得如此火爆。

褚橙到底是如何来做互联网推广和销售的呢？这里，就让我们来探讨褚橙的互联网化过程。

2013 年 11 月 16 日中午，集作家、导演、职业赛车手等于一身的韩寒在微博发了一条信息，内容是："我觉得，送礼的时候不需要那么精准的……"在刊发博文时还发了一张图片（见图 4-15-1），该图片的内容是一个较大的纸箱，纸箱上仅仅摆放着一个橙子，箱子上印着一句话——"复杂的世界里，一个就够了"（韩寒创办的"一个"APP 的口号）。

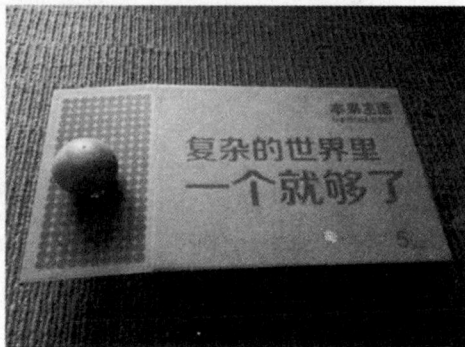

图 4-15-1　韩寒微博刊发的图片

①　吴桂霞. 褚时健 84 岁再成亿万富翁　唯一女儿狱中自杀[J]. 中国新闻周刊，2012(11).

当韩寒的这条微博发布之后，迅速引来数百万粉丝围观和灌水，其阅读数量达300多万人次，评论转发达到4000多条。不知道的粉丝以为韩寒又在调侃，甚至还有粉丝调侃"韩少应该后悔当初怎么不把一个叫一车或者一吨"。但无论是粉丝们的各种会意的打趣，还是韩寒故作无奈的描述，精明的行业专家一眼看见箱子右上角的"本来生活"标志时，立即就意识到，这则微博不过是"本来生活"为了推广和销售褚橙而投放的一个广告而已。在"本来生活"的包装上，清楚地呈现褚时健和"本来生活"字样（见图4-15-2）。

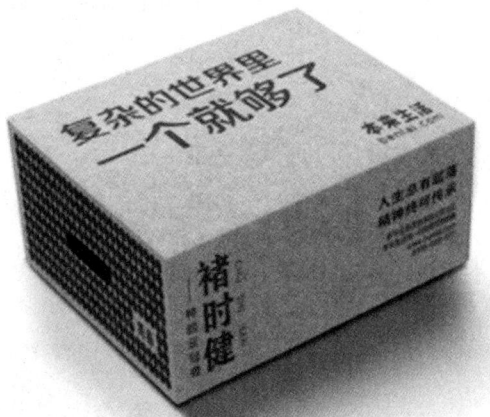

图 4-15-2　褚橙的包装

众所周知，褚时健的人生起落经历很能代表改革开放之后中国的第一代企业家。在第一代企业家阵营中，如王石、冯仑、潘石屹、任志强等，对于褚时健曲折的人生经历，以及80多岁再创业的勇气和魄力是惺惺相惜的。由此，第一代企业家阵营就成了褚橙的第一批粉丝，有的企业家甚至还一次订货1500箱，让员工品尝"人生"的味道。这自然引发了这一批中国商界实力派和意见领袖所感慨的一个新话题，"励志橙"的品牌声誉也由此打响。

据了解，在褚橙开始上市时，"本来生活网"曾免费给几乎所有新浪微

图 4-15-3　褚橙的其他几款包装

博上的大 V 赠送褚橙。这些大 V 们在品尝褚橙之后往往会在自己的微博上向褚时健致敬。通过微博大 V 们的转发与互动参与,褚橙迅速地成为一个热门的话题,大多数消费者都通过微博用户和网络知道了褚橙。

其实,早在 2012 年,褚橙尚未拓展北京市场之前,褚时健种植的云冠牌冰糖橙已经在昆明市场有了较高的知名度。当然,云冠牌冰糖橙除了拥有优质的口感之外,更多地还是褚时健作为老一辈企业家,让媒体纷纷报道的曲折传奇经历。

众所周知,褚时健身上兼具红塔集团原董事长、"中国烟草大王"、全国"十大改革风云人物"等标签。

在褚时健的人生中,曾力挽狂澜地用 18 年时间将一个濒临倒闭的红塔卷烟厂,打造成为一个创造利税千亿级的巨型企业。然而,褚时健却又在晚年因贪污问题而曾被判无期徒刑。由于在 2002 年糖尿病严重,褚时健获得保外就医的机会而回到家中养病。在经历了人生无比辉煌与沉沦后，75 岁的褚时健并没有像很多人想象的那样潦度余生，而是到山上去种起了橙子。

期间，褚时健住在山上的露天棚里，架设水管、改良土壤、选育果苗……在经过 8 年的辛苦耕耘之后，褚时健以"云冠"的品牌名称进行冰糖橙的推广和销售。褚时健的夫人马静芬还制作了一个名为"褚时健种的冰糖橙"的广告横幅，云冠冰糖橙很快就售罄。

此时的云冠冰糖橙依然"偏安"在云南这个区域市场，还没有引起大的轰动。褚橙风靡全国，主要还是因为与"本来生活网"的战略合作。正是凭借电商平台，褚橙才成为"高大上"的品牌代名词。

2012 年 9 月，"本来生活网"的买手发现了云冠冰糖橙。由于"本来生活网"创办人喻华峰曾有在《南方周末》《南方都市报》《新京报》等媒体从业经历，他嗅出了云冠冰糖橙的市场前景。

为了让云冠冰糖橙更能打动消费者，他直接把名称改为"褚橙"。这样一来，就把褚时健传奇的故事、80 多岁的创业者、口味极佳的水果等元素融合进了褚橙里。

经过近两个月的筹划，2012 年 11 月 5 日 10 时，"本来生活网"开始销售褚橙。其后的销售业绩证明了喻华峰的判断：前 5 分钟 800 箱被抢购；24 小时内售出了 1500 箱；4 天卖出了 3000 多箱；不到 40 天，售出 200 吨。

当褚橙 2012 年在北京市场斩获丰厚之后，"本来生活网"开启了 2013 年新的目标——拓展全国市场。"本来生活网"运营中心副总经理蒋政文介绍说："2012 年，褚橙在本来生活网销售了 200 吨，2013 年我们有十倍的销售目标，因此也需要有全新的推广和销售方案。"

为了达到这个销售目标，"本来生活网"在 2013 年主抓两点：第一，利用互联网技术，让更多年轻人参与进来。蒋政文介绍说："2012 年褚橙事件，参与进来的更多是一些企业家。我们做了一些调查，发现很多 80 后对褚老的经历其实是有隔膜的，他们不了解当时的背景，即便了解也觉得是上一代的事情,跟他们关系不是特别大。"第二,将着力点放到传播生活方式上。尽管 2012 年褚橙取得了 200 吨的销售业绩,但是 2012 年褚橙进京的话题主要集中在财经的角度,在生活方式角度的诉求上依旧还有较大的发掘空间。

基于此,"本来生活网"与韩寒以及"一个"APP 进行了合作。据蒋政文介绍,2012 年"一个"APP 上线时,在北京开发布会,当时褚橙就是发布会现场的礼品之一。也正是从那时候开始,"本来生活网"同韩寒"一个"团队结下了缘分。于是,当 2013 年褚橙的推广再次开始时,"本来生活网"在"一个"APP 上投放了一些广告,并通过个性化的包装设计,与韩寒在微博上进行了互动。①

02 微博直播诺基亚 N8 发布会

2011 年 3 月 2 日,据新浪微博发布的财报数据显示,新浪微博用户的数量已经突破一亿。腾讯微博在此之前也宣布微博用户的数量已超过一亿。在微时代下,两亿微博用户对于传统企业而言,绝对是一块值得挖掘的、新的营销蓝海战场。

企业越早介入微博,就越容易抢占到有限的有利资源,对于传统企业来说更是如此。微博作为新兴的社交媒体,可以帮助传统企业通过互联网营销抵达尚未被发掘的用户层面,并和已有用户保持黏性联系。微博营销以其便捷性、交互性、原创性三大特点,迅速成为传统企业开展互联网营销的全新模式。

对于传统企业来说,这绝对是一个新的机遇,因为它有望在传统企业不花钱或者少花钱的前提下,给传统企业带来海量的目标客户和丰厚的市场。

---

①　刘晓云.蒋政文:褚橙如何玩营销?［J］.成功营销,2014(1).

目前，已有许多传统企业在微博营销过程中通过促销活动、有奖转发、@功能、添加关键词等，以个性化的角度与网友交流互动，使微博的旺盛人气转化为企业发展的助推器，从而达到树立传统企业良好形象、增加销售渠道的目的。

随着越来越多的传统企业尝试各种各样的营销模式，传统渠道和媒体的推广成本显得越来越高。在这样的背景下，拓展新的营销和推广渠道无疑是一种新的选择。

不过，作为 Web 2.0 产品的微博其实是一个"舶来品"，由于传统企业经营者对微博营销缺乏足够了解，加上缺乏微博营销的专业人才，许多传统企业对微博营销还没有形成体系化、规范化的认识和实践。一些企业没有专门负责微博营销的人员，它们虽然看到了微博营销的力量，但是却找不到一条成熟的路径。各大微博经营者也试图通过各种方式带动企业微博发展，使企业微博成为一种成熟的营销渠道。[①]

---

① C114 中国通信网. 微博营销降低传统企业电子商务营销成本[EB/OL].
http://www.cnetnews.com.cn/2011/0217/2008013.shtml,2011-02-17.

第 16 章　视频营销

在当下的互联网化过程中,越来越多的视频被上传到互联网上,可以说,视频已经成为很多用户工作和生活中不可或缺的一部分。视频营销的手段和手法也层出不穷。就连微软创始人比尔·盖茨,也不得不对互联网浪潮说"YES"。2007 年 1 月 27 日,比尔·盖茨在瑞士达沃斯世界经济论坛年会上坦言,五年内互联网将"颠覆"电视的地位。这足以证明比尔·盖茨的远见性,同时也在一定程度上表明互联网视频发展不可阻挡的迅猛势头。

01 滑轮宝宝的吉尼斯世界纪录

所谓的视频营销,是指企业将各种视频短片以各种形式上传到互联网上,以此达到一定的宣传营销目的。在视频营销中,互联网视频的广告形式类似于电视的视频短片,不过其渠道却在互联网上。

从图 4-16-1 中可以看出,只要把视频种子文件发布到视频网站或者其他网站上,用户通过网站浏览到该视频,分享到微博、微信等平台上,便可实现视频营销的基础效果。

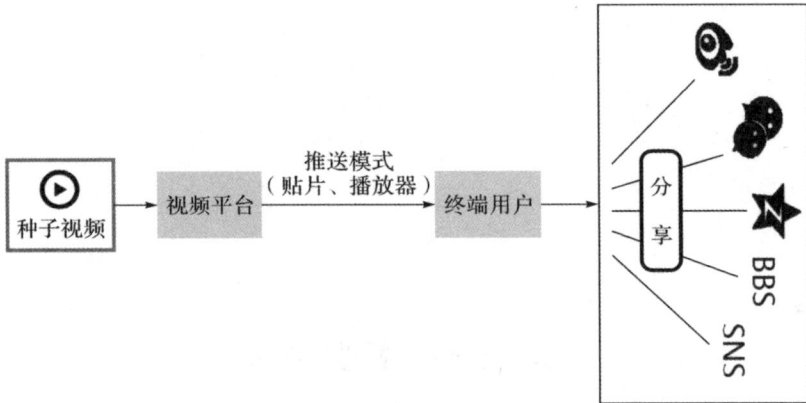

图 4-16-1　视频营销模式

2009 年 7 月,互联网上流传着一群穿背心短裤的轮滑宝宝,他们摆着各种滑冰动作,秀起了高难度的舞蹈姿势(见图 4-16-2)。

图 4-16-2　依云矿泉水的轮滑宝宝视频截图

轮滑宝宝的视频立即引起了巨大的反响,成千上万的网民纷纷传阅并争相转发。仅仅在 2009 年 7 月 3 日,轮滑宝宝的视频累计下载数量就高达 800 万次,全世界的点击量超过了 4600 万人次,创下了在线视频广告点击量的最高纪录,也因此被载入吉尼斯世界纪录。此后,轮滑宝宝的视频更加迅速地在互联网上传播开来。

认真分析之后可以发现,该段视频时长仅为一分钟。视频中的轮滑宝宝们十分轻松地完成了高难度的轮滑动作,使得这群轮滑宝宝的人气快速飙升,同时也让全世界消费者重新认识了依云这个高端品牌。

在多数消费者的意识中,高端的依云矿泉水价格昂贵,即使依云把自己的品牌故事叙述得多么动听,高端的定位仍然让低端消费者绝少购买。为了去掉高端的品牌形象,依云通过借用轮滑宝宝的视频,在广泛传播的过程中,让低端消费者在观看视频时潜移默化地接受了自己。

不仅如此,为了拉近与消费者的距离,在轮滑宝宝视频中,依云矿泉水在坚持"年轻态生活"(live young)的基础之上,还融入了时尚、动感、活力等元素。这样的元素更加切合了轮滑宝宝视频观看人群的特点。年轻群体通常对轮滑宝宝视频颇感兴趣,其共同点就是时尚、动感、活力等。

通过轮滑宝宝视频,依云广泛传播了"年轻态生活",同时也激起了目标受众的购买需求。可以说,依云既维护了自身高端的消费形象,又调动了消费者的购买需求。

不可否认的是,当视频与互联网两种资源有机整合时,既具有电视短片的种种优点,如感染力强、形式内容多样、自由创意等,又具有互联网营销的优势,如推广费用低廉、受众人数众多等。

正是上述优点,使很多传统企业纷纷涉足视频营销,如优拓视频整合行销,便是利用视频来进行媒介传递的营销行为,包括视频策划、视频制作、视频传播整个过程。其形式又涵括影视广告、网络视频、宣传片、微电影等多种方式,并把产品或品牌信息植入视频中,产生一种视觉冲击力和表现张力,通过网民的力量实现自传播,最终达到营销产品或品牌的目的。正是因为网络视频营销具有互动性、主动传播性、传播速度快、成本低廉等优点,网络视频营销实质上将电视广告与互联网营销两者"宠爱"集于一身。

02 水泊风情的视频营销

2015 年初春，笔者在爱奇艺上无意间看到了"成都水泊风情搞笑宣传片"，起初以为是一家房地产公司在做视频营销，看完之后发现，"水泊风情"原来是成都水泊风情餐饮管理有限公司旗下水浒文化特色川菜餐厅的主题名（见图 4-16-3）。

图 4-16-3　水泊风情的视频营销截图

作为一家传统企业，特别是一家餐饮公司，涉足视频营销，在百度上搜索"水泊风情"，结果有 74 万个，足可见互联网化深刻影响了餐饮业。

在搜索的过程中，我们发现了《水泊疯情》等企业宣传片。据公开资料显示，《水泊疯情》第一集上传在互联网上后，第三天的点击率已经超过 4 万。

通过视频营销，以水浒文化为主题的特色川菜餐厅水泊风情因此名声大噪，成为成都市最火的特色川菜餐厅之一。

水泊风情，其全称是成都水泊风情餐饮管理有限公司，总店位于成都市成华区龙潭南路 108 号,是一家以水浒文化为装修主题的特色川菜餐厅。水泊风情从 2014 年 1 月份开始试营业,2014 年 6 月 6 日正式营业。虽然创建时间不长,但是水泊风情店内人头攒动,每天座无虚席,最高日营业额达 2 万多元。[①]

为了宣传自己,水泊风情从试营业开始就和亚发传媒达成视频营销合作协议,亚发传媒已制作了《水泊风情由来》、《成都美食推荐》、《舌尖上的成都——水泊疯情》第一集等三部营销型视频。这三部短片均是以水浒英雄为模型,巧妙结合当下流行元素的幽默短剧。视频在制作完成后均上传至各大视频网站和极具人气的社区进行推广营销,很多网友也是依剧寻迹到水泊风情用餐。[②]

水泊风情之所以能够取得如此傲人的佳绩,除了水浒文化的主题装修和特色的美味川菜外,还离不开视频营销的功劳。

水泊风情的视频营销无疑是很多传统企业的借鉴样本,其凭借《水泊疯情》这种另类企业宣传片提升了自身的品牌形象,是一个成功的营销范例。众所周知,企业宣传片主要是介绍企业主营业务、产品、企业规模及人文历史的视频短片,常见的宣传片也都循规蹈矩。然而,在这个自媒体时代,各类宣传片、微电影多如牛毛,企业要想在宣传片的海洋中脱颖而出,就必须极具创意。[③]

[①②]　亚发传媒. 传统行业视频营销的成功案例:水泊风情的宣传片营销之路 [EB/OL]. 2015. http://scwhcm123. blog. 163. com/blog/static/232940151201481054610159/.

[③]　千华新闻. 企业宣传片的另类宣传:记《水泊疯情》系列微电影摄制[EB/OL]. http://www. qianhuaweb. com/shehui/content/2014-09/22/content _ 5192298. htm, 2015.

03 视频营销的正能量

　　在网络上，连美国总统候选人都在利用这个平台展示和塑造自己的品牌形象和政治主张。在美国著名的视频网站 YouTube 上，有关总统选举的视频被屡屡上传。其中有这样一个视频：大屏幕上播放着希拉里的讲话，台下是木然的观众。这时一个女孩冲入，将电视砸了个粉碎。视频画面渐渐变成民主党候选人奥巴马的脸。此时的画外音是："1 月 13 日，民主党初选即将开始。你会发现 2008 年和 1984 年为何不同。"短片借鉴了苹果公司 1984 年的著名广告，而那个广告的灵感来源，自然就是乔治·奥威尔的著名小说《1984》。①

　　那么，在 2004 年美国总统选举时尚未诞生的 YouTube——公司于 2005 年 2 月 15 日注册，由华裔（台湾）美籍华人陈士俊等人创立，2008 年选举为什么能够吸引美国总统候选人来展示和推广自己的品牌形象和政治主张呢？

　　究其原因在于，互联网娱乐化和视频化的发展，已经使很多网民成为潜在的选票。作为总统候选人，这样一个类似于利基市场的选民市场就等于是数以万计的选票。

　　当然，像 YouTube 这样的网站得到总统候选人的密切关注也在情理之中。值得一提的是，由于广大网民有着这样的需求，有关总统选举的视频，点击率很容易突破百万。最懂得利用 YouTube 的候选人是罗恩·保罗。

　　罗恩·保罗曾创下过 YouTube 视频营销的历史。2007 年 11 月上旬，罗恩·保罗在 YouTube 网站上传了一段不足 1 分钟的视频，却筹集到了

---

　　①　刘婕. 网络决定美国总统为时尚早[N]. 外滩画报，2007-12-18.

400 万美元的竞选资金,刷新了美国总统竞选募捐史上的新纪录。

然而,罗恩·保罗的新思维却没能盖过奥巴马的风头。2008 年 11 月 5 日,作为总统候选人的奥巴马以强势票数打败竞争对手,夺得总统宝座。

不可否认,奥巴马的成功因素有很多,比如善于运用 Web 2.0 造势宣传。然而,很多读者不知道的是,在 Web 2.0 时代,奥巴马实施的视频营销也是效果非凡。特别是在视频网站 YouTube 上的大获成果,不仅体现了奥巴马及其团队善于运作网络营销战略,而且折射出视频网站所拥有的巨大社会能量,以及它们所能做到的公益性角色。

作为总统候选人的奥巴马深知,要想打败竞争对手,就必须比对手更加深入人心,赢得更多选民的支持。摆在奥巴马面前的是如何拉近自己与选民的距离,而历史就是这样被改写的。

在网络已经非常普及的今天,视频营销可以将奥巴马的政治主张、施政方略等融入其中,这样不仅可以更广泛地影响选民,而且还可以获得选民更深入的认可,提升选民的忠诚度,从而成功地狙击对手。

奥巴马及其团队在总统竞选中,非常老练地利用网络视频来阐释政治主张和施政方略。比如,为了更好地让选民了解奥巴马,仅仅在一周内,竞选团队在视频类网站 YouTube 上就上传了 70 个奥巴马的相关竞选视频。

这些竞选视频,开拓了除电视、杂志、报纸等传统媒体之外更广阔的广告宣传平台。这 70 个看似极具草根味道的网络视频,是由奥巴马竞选团队专为奥巴马量身定做的。这 70 个视频更平实、更容易使人接近,所以实际上其所获得的关注不比那些制作精炼的电视广告差。

就像里尔网络公司(RealNetworks,Inc.)首席执行官罗布·格拉泽所言:"自 50 年前的电视商业化潮流以来,媒体从未发生过像今天这样巨大的变革,互联网的长尾就是变革的驱动力。克里斯·安德森精彩地阐释了长尾理论和长尾的重要性。"

当然,奥巴马团队量身定做的视频给奥巴马的竞选带来的不仅仅是雪中送炭,更是锦上添花。面对日益显现的互联网"乱世",奥巴马深谙"乱世出英雄"这个道理，他也力图在竞选中把自己塑造成美国梦的践行者和美国人的英雄。

尽管现在叙述起来非常容易，然而对于当时的奥巴马而言，却是非常艰难。因为网络犹如一头猛兽，驯服它就能带来前所未有的效果，否则也可能会造成极大的负面影响。

在实施 YouTube 营销战略之前，奥巴马深知其正反两个方面的作用，于是他采取了"以正合，以奇胜"的视频营销战略。在上传相关竞选视频的同时，奥巴马还通过 YouTube 视频网站发表每周演说，让更多的选民知道他的执政主张，把选票投给自己。

不仅如此，在 2008 年 11 月 15 日，新当选总统的奥巴马宣布，电视、广播、视频网站直播每周的国民演说，这在美国历任总统中是首开先河的。

的确，奥巴马这样做，正是源于他在视频营销方面的经验。在竞选总统时，奥巴马视频数量拥有明显的领先优势。仅仅在 YouTube 视频网站上，奥巴马竞选团队就上传了 1800 个奥巴马相关的竞选视频，吸引了一大批忠实粉丝。其中，奥巴马关于种族问题的 37 分钟演讲，其点击量超过了500 万次，使奥巴马一举成为网络时代的"红人"。

研究发现，在视频内容上，奥巴马 YouTube 官网视频由三类视频组成（见表 4-16-1）。

表 4-16-1　奥巴马 YouTube 官网视频的三个分类

奥巴马演讲视频	奥巴马关于种族问题的 37 分钟演讲上传不久，其浏览量就超过了 500 万次
不少网民把自己对奥巴马的支持也制成视频放到网上	一些支持奥巴马的普通选民制作了一些视频上传到 YouTube 上，比如："啊，我没有那么多钱，我是穷人。""我会选奥巴马的，这是我能做的最大支持了。""不用担心，我已经在网上捐过了。""我更加信赖网上转账的方式。"

续表

奥巴马"女孩"	在视频网站 YouTube 上,有一段支持奥巴马的普通百姓视频——《奥巴马令我神魂颠倒》,在该视频中,26岁的模特埃廷格身穿比基尼,以性感造型为奥巴马的竞选拍摄了一个短片。当该视频上传至 YouTube 上后,点击量超过 900 万次,其后无数的网站和传统媒体转载了该视频

相比于奥巴马 YouTube 官网的视频营销,麦凯恩的视频类型就要逊色很多,其效果自然要差很多。[①]

表 4-16-2　奥巴马和麦凯恩 YouTube 官网视频订阅和观看人数次数比较

	奥巴马 YouTube 官网	麦凯恩 YouTube 官网
官网视频数	1821	330
官网视频订阅人数	120835	未知
官网视频观看次数	18858894	2105799

事实证明,奥巴马的 YouTube 营销战略是非常成功的。就算是赢得总统大选后,奥巴马依然在 YouTube 视频网站上发表演说,希望更多的美国民众支持其政治主张。

当奥巴马入主白宫后,YouTube 营销战略还被他用在执政上。据香港星岛新闻集团消息称,网民只需登录白宫网站(www. whitehouse. gov)或其 YouTube 网站(www. YouTube. com/user/whitehouse),便可看到奥巴马的 5 分钟演说片段,有声有画。白宫网站不设响应及评论服务,但在 YouTube 网站,网民可以畅所欲言。[②]

---

① 佚名.奥巴马登顶——视频网站的社会能量[EB/OL]. http://news. 21cn. com/today/zhuanlan/2008/11/06/5438032. shtml,2008-11-06.
② 佚名.奥巴马 YouTube 发表演说　网民反应热烈[EB/OL]. http://www. stnn. cc/america/20090125_968630. html,2008-11-11.

香港星岛新闻集团消息还称，在奥巴马发表完讲话的短短 12 个小时内，上传到 YouTube 上的短片已有超过 24 万人次点击观看，并有 1000 多条回应及留言。

奥巴马的 YouTube 视频网站营销战略取得了圆满成功，名叫"roberthehn"的网民发帖说："我很高兴投票支持你，奥巴马总统。"

第 17 章　病毒营销

病毒营销(viral marketing)，又称病毒式营销、病毒性营销、基因营销或核爆式营销，由欧莱礼媒体公司(O'Reilly Media)总裁兼 CEO 蒂姆·奥莱礼提出。奥莱礼采用病毒营销的方式，把一些推介会直接从一名用户传播到另外一名用户，一名用户对另一名用户传递的消息，很可能是直接的、个人的、可信的，且是有意义的。

病毒营销的基础是有效利用了用户口碑传播的原理，它常被用于进行网站推广、品牌推广等。病毒营销的消息传递策略是，通过公众将信息廉价复制，告诉给其他受众，从而迅速扩大影响。在互联网上，这种"口碑传播"更为方便，可以像病毒一样迅速蔓延。因此，病毒营销成为一种高效的信息传播方式。而且，由于这种传播是用户之间自发进行的，它几乎是不需要费用的网络营销手段。与传统营销相比，受众自愿接受的特点使病毒营销成本更低，收益却更多，也更加明显。

01 病毒营销与总统竞选

对于奥巴马团队而言，为了激发选民这条"长尾"的活力，就必须向众多选民传递有利于奥巴马的竞选言论和形象。面对有限的总统竞选经费，如何才能做到这一点呢？研究发现，奥巴马是一个网络社区的创建者，深知互联网的巨大力量。奥巴马竞选团队有效利用互联网进行了病毒营销，从而大大激发了病毒营销的传染力，最终为奥巴马成功入主白宫立下汗马功劳。

奥巴马的总统竞选经历启示传统企业的经营者，特别是中小企业经营者：电子邮件营销仍然是目前最主流的、最有效的网络营销方法之一。在奥巴马的总统竞选中，奥巴马竞选团队通过网络技术将电子邮件营销发挥得出神入化，为奥巴马的胜出打下了坚实的基础。

而在奥巴马的总统竞选中，奥巴马竞选团队选择互联网作为竞选宣传的主要平台并不是一件偶然的事情。因为在互联网上，存在为数众多的Web 2.0服务，一旦善加利用，就能起到预期的杠杆效果。正是基于此，奥巴马团队才把营销重点放在网络上，不仅争取铁杆选民的支持，而且还试图以此为支点，产生快速扩散的病毒效应。事后证明，奥巴马的这一措施取得了非常惊人的效果。

在网络营销中，病毒营销正是利用用户口碑传播的原理，让用户之间自发产生病毒式传播。由于病毒营销可以使信息像病毒一样迅速蔓延，其无疑是一种极为高效的信息传播方式。

与传统营销相比，病毒营销最大的不同就是，受众自发传播特点使成本更少，收益更明显。在奥巴马竞选团队中，获邀请作为顾问的都是IT业界的大佬，在病毒营销方面颇有建树。

为了让病毒营销达到期望的效果，奥巴马竞选团队把一些定制的内容通过博客、视频网站、电子邮件等网络渠道传递给选民，让选民来传递有利于奥巴马的言论。选民又把这些言论传递给他们的家人、朋友等，就像病毒一样传递给选民他们的人，让每一个受众都成为传播者，使有利于奥巴马的言论在曝光率和营销上，产生几何级增长速度。

为此，奥巴马竞选团队通过电子邮件、聊天室交谈、在网络新闻组或者论坛发布消息,进行病毒营销。

　　为了更好地达到病毒营销的效果,奥巴马充分借助第三方网络服务、事件营销来展开病毒营销活动,有效地引起了选民的关注。如"奥巴马女孩"视频出现在 YouTube 网站后,就激发了选民对这段助选视频的好奇,传播的范围随之扩大。尽管奥巴马竞选班子第一时间作出澄清,表示与该视频没有任何关系,但是此段视频已经影响了一大批选民。

　　到 2008 年 6 月为止,在 YouTube 视频网站上,奥巴马团队上传的官方视频与用户自行上传的奥巴马竞选相关视频数量的比例竟然达到了1∶200。

　　营销专家强调,病毒营销的关键在于找到营销的引爆点,奥巴马竞选团队找到既迎合目标选民口味又能正面宣传奥巴马的话题,就是一个关键的因素。

　　对此,奥巴马竞选团队深知,推广奥巴马这个品牌的核心在于打动目标选民,让奥巴马这个品牌深入到目标选民心坎里去,让目标选民认识奥巴马这个品牌、了解奥巴马这个品牌、信任奥巴马这个品牌,最后依赖奥巴马这个品牌。

　　在美国,总统大选实际上就类似于一场"顶级网络营销大战",而奥巴马充分利用病毒营销,取得了预期的效果,这也预示着网络营销时代背景下病毒营销的作用已经凸显。

　　分析人士认为,奥巴马充分利用病毒营销,给所有同奥巴马一样"弱势"的中小企业提供了一个有用的启示。充分利用病毒营销,将成为这些企业提升销售业绩的一个新方法。

　　为了让医改法案引起选民的关注,奥巴马还通过病毒营销来传播医改的主张。2009 年 7 月 8 日和 22 日,奥巴马在演讲中阐述了推动医疗改革的必要性。

　　在美国,医改问题一直困扰着历届政府,不仅如此,各个党派对奥巴马的医疗改革意见不一,各种抗议活动随之而起,甚至还出现了"反奥巴马运动"网站。

为了应对医改的反对声音，2009 年 8 月 10 日，白宫开通了一个名为"真相核实"的网站。白宫创建真相核实网站的目的就是有效地说服选民，借鉴奥巴马在竞选期间的病毒营销经验，通过病毒传播的方式宣传医改的主张。

为了澄清反对医改者散布的像病毒一样传播的讯息，网站创办者可谓下了一番工夫。只要打开真相核实的网站，网民就能看到网站主页上的奥巴马"语录"，而奥巴马"语录"恰好介绍了医疗改革这个"无关政治、事关百姓生活、关系着每个人的未来"的政治主张。

02 激发病毒营销的传染力

谁也不曾想到，病毒营销的巨大商业价值被奥巴马挖掘出来，而且还成为奥巴马赢得总统大选的一股重要力量。

在很多文章中都说，奥巴马这样一个没有任何政治背景、没有财团支持、毫不起眼的小人物，却能赢得美国的总统大选。就如奥巴马所言："我们创造了历史。"的确，在奥巴马的形象营销中，病毒营销成了奥巴马竞选成功的一个重要因素。

可以说，奥巴马两次赢得美国总统大选，病毒营销都发挥了重要的作用。反观奥巴马的营销战略，不难发现，奥巴马熟练运用了网络整合营销的强大武器，而病毒营销也发挥了重要作用。

为了给奥巴马传递较好的选民口碑，奥巴马竞选团队发起了病毒营销这种方式。一封名为《我们为什么支持奥巴马参议员——写给华人朋友的一封信》的邮件到处传播。①

邮件内容甚至非常有针对性地采用了中文形式，非常详细地阐述了奥巴马当选对美国当地华人选民的好处，最后还写道："请将这封信尽快转送给您的亲朋好友（http://tea4soul.org/supportobama/index.html），并烦请他们也能将这封信传下去。这是您在最后几天里所能帮助奥巴马参议员的最为有效的方式之一。"② 以下便是《我们为什么支持奥巴马参议员——写给华人朋友的一封信》一文。③

> 我们为什么支持奥巴马参议员——给华人朋友的一封信
> 亲爱的华人朋友！
> 我们是来自世界各地的华人移民以及在美国本土成长的华人。我们当中既有民主党人，也有独立人士与共和党人。在2008年这一举世关注的美国总统大选时刻，在这行将决定美国未来和命运的历史关头，我们决定把我们神圣的一票投给奥巴马参议员。
> 我们支持奥巴马，是在我们全面、认真地了解和对比了两位总统候选人后作出的慎重决定。尽管奥巴马参议员并非是十全十美的候选人，尽管我们或许对他的个别政策也会有不同看法和保留，但在一系列华人关注的重大议题上，奥巴马的政策及思路与我们华人更为接近，更富有前瞻性和果断决心，也更符合美国广泛阶层人民的利益。
> ＊奥巴马的身世：他在夏威夷出生并生长，在亚洲也生活过很长时间，有着众多亚裔及华人亲友，对华人极为了解和认同。他最近发布了针对亚裔的行动大纲，这在美国总统选举史上是第一次。

---

①②　佚名. 让我们领略下奥巴马的"网络营销"[EB/OL]. http://www.enet.com.cn/article/2008/1111/A20081111387696_2.shtml,2008-11-11.

③　全美华人支持奥巴马委员会. 给华人朋友的一封信[EB/OL]. http://club.history.sina.com.cn/thread-2771903-1-1.html,2008-11-02.

＊在美中关系及对外关系上：奥巴马独特的经历让他能以独特的眼光看待美国与中国、美国与世界的长远关系。他曾创立"参院美中工作小组"，全面推进美中关系，促进台海和平，并力图在全球的和平与发展议题上恢复美国的道义和领导地位。

＊在医疗保健问题上：奥巴马将力图使每个美国人都能享有健康保险，从根本上解决五千万美国人没有保险和保险费用急速上涨的严重社会问题。

＊在移民问题上：奥巴马将强固边界，施行家庭团圆优先，扩大技术移民，并尽快合理全面解决无合法身份的移民问题。

＊在振兴美国经济问题上：奥巴马将以中小企业和科技创新为振兴美国经济的基础。他给中产阶级的减税率是麦凯恩的三倍，对新生和科技企业全面退税，强化联邦政府对科技和基础设施的投入，以重振美国科技立国、创业立国的精神。

麦凯恩参议员是位令人敬仰的越战英雄。然而，今天的总统选举不是要为美国21世纪选个年迈的老兵或右翼极端宗教势力的代言人。在一系列重大政策问题上，比如对最高法院保守大法官的提名，对健保改革的漫不经心，对共和党能源政策的拥抱，对全面移民改革由支持到遗弃，对布什的富人减税政策由反对到支持，对右翼极端宗教势力由反感到笼络，对伊战的无条件支持，对发展美中战略关系的迟疑和缺乏信任，对国际冲突过于倚重军事手段等，我们以往自认为了解的麦凯恩在此次竞选过程中变得令我们难以辨认。

我们支持奥巴马，因为奥巴马是历史在正确地时间赐予美国的正确人选。正如广泛受人尊敬的鲍威尔将军在支持奥巴马时所说的那样，"奥巴马将会是一位称职的总统，他将会是一位改变美国历史的人物"。

奥巴马作为第一个少数族裔总统的当选将再次向世人不容

置疑地宣示美国是一个富有包容、更新和开拓精神的伟大民族。我们将能再一次骄傲地向世人说："我们生活在一个举世无双的伟大国度。"

亲爱的华人选民，作为一个伟大历史转折时刻的见证人和参与者，我们诚挚地期望您能同我们一起，为了我们的子孙后代，支持奥巴马参议员。让我们一同重振美国的建国理想，一同书写美国历史的新篇章。

假如您赞同这封信，我们恳切期望您能立即做如下两件事：(1)请您点击这里，留下您的签名姓名和联系方式；(2)请将这封信尽快转送给您的亲朋好友（http://tea4soul. org/supportobama/index. html），并烦请他们也能将这封信传下去。这是您在最后几天里所能帮助奥巴马参议员的最为有效的方式之一。

谢谢。

全美华人支持奥巴马委员会

从《我们为什么支持奥巴马参议员——写给华人朋友的一封信》的传播可以看出，其观点不仅得到了华人的支持，同时也得到了其他国家移民的支持。这封电子邮件像病毒一样在很多美籍华人身边传播开来，不仅为奥巴马赢得了更多的支持，而且打击了对手麦凯恩。

资料显示，在奥巴马的竞选费用支出中，电子邮件营销（Email Direct Marketing，简称 EDM）费用占到奥巴马团队网络营销费用的 62%。

其实，奥巴马团队的邮件营销战略也很简单，只要网民在奥巴马竞选网站注册后，网民就会收到一封邮件请求，该邮件的内容是"在下周一前捐款 15 美元或更多"，因为"周一将看到我们的捐款总数，看我们能否与麦凯恩的竞选活动相竞争"。

然而，奥巴马团队的高明之处在于，他们不仅发送邮件请求，而且还将捐款链接同时写在邮件中，通过电子邮件营销自动传播。

事实证明，奥巴马团队的电子邮件营销不仅具有针对性，同时也非常高效。资料显示，奥巴马竞选团队获得了大量 200 美元以下的小额捐款，就算没有财团的支持，奥巴马团队也能获得竞选所需要的巨额资金。[①]

不仅如此，为了得到更多选民的支持，奥巴马竞选团队还为忠诚度较高的选民提供了多个可以运用自身能力为奥巴马助选的平台，包括官方网站内置的社交网络工具，以及其他各种助选志愿者项目。

奥巴马竞选团队非常注重奥巴马官方网站的建设，尽可能让忠诚度较高的支持奥巴马的选民可以主动发起各种助选活动，并邀请朋友邻居参与。资料显示，在 2008 年 8 月，奥巴马网站上已经出现了 3 万多个支持者自发组织的助选活动，这些活动所覆盖的人数远超注册用户数量。[②]

03 耐克利用病毒营销事件

病毒营销是一种威力巨大的营销手段，一旦传统企业运用得恰到好处，便可以达到几乎"疯狂"的营销效果。这其实也是病毒营销的威力所在。因此，传统企业要让人为制造的"病毒"更富有生命力，关键还在于出其不意。

例如，为了更好地实施奥运营销战略，伊利集团曾在北京地铁国贸站投放了墙贴广告，甚至不惜重金——每月 100 万元的广告费，以便更好地配合奥运营销的广告攻势。

在伊利如火如荼地进行着自己的奥运营销的同时，一些细心的乘客发现伊利广告代言人李娜衣服上的耐克标识竟然是后来贴上去的。为了验

---

① 佚名. 在家门口向奥巴马学习网络营销[EB/OL]. http://www. ksnews. cn/a/jy/2009/1126/28544. html, 2009-11-20.

② 刘勇. 奥巴马一网天下[J]. 商界评论, 2008(8).

证该事件的真伪,乘客专门拍下了一段视频,后来证明李娜衣服上的耐克标识果真是粘贴的,于是便将该视频上传至微博。在较短的时间内,该视频就被粉丝们疯狂地争相转发。

该视频就这样经过一轮一轮的转发和评论,使得耐克的品牌传播率像病毒一样快速地在微博上传播,很多粉丝褒奖耐克广告做得"厉害""有创意",也有粉丝调侃耐克在蹭广告。与此同时,一些网友开始为持反对意见的粉丝普及相关知识。坚持者认为,李娜是耐克的广告代言人,在其品牌合约中有条款要求代言人在任何公众场合出现时都要身穿耐克品牌的服装,出现李娜衣服上的耐克标识被贴上可能是迫不得已的一种补救措施。

众所周知,在当下这个镀金时代,鱼龙混杂的事情会经常出现。营销专家直言,这不过是伊利和耐克两个传统企业共同进行的一次病毒营销而已。

该事件的病毒营销给中国传统企业的启示是,要想达到病毒营销的效果,不仅需要好的创意和可供分享的"病毒",还必须将风险降到最低。

在上述案例中,耐克采用病毒营销的效果出乎意料,比拼的不是财力,也不是物力,而是创意。在伊利投放的价值 100 万元每月的广告墙上,耐克仅仅贴上了自己企业的标识,就这样贴得许多乘客都不知道伊利才是该广告墙的投放者。

在这个案例中,耐克并没有凭借媒体自上而下的不断重复来曝光,而仅仅是上传了一段视频,其成本几乎可以忽略不计。其后用低于伊利很多的成本进行广告宣传,其传播和扩散就开启了病毒的传播模式,而粉丝之间的相互争论终至裂变式传播。

第 18 章　微信营销

在微博、微信等互联网营销工具逐渐被更多用户接受和认可后,微博、微信便成为用户日常工作和生活中不可或缺的一部分。事实证明,互联网的普及催生了"微时代"的提前到来。特别是,互联网对微信原有功能做了进一步改善,将微信手机客户端转移到电脑上,加上全城定位搜索功能等,使企业实现了足不出户就可以锁定潜在客户人群,然后利用微信及时发送文字、图片、音频甚至是视频,对潜在客户群进行企业宣传或者相关优惠活动宣传等。①

01 传统肉夹馍互联网上卖火了

作为即时通信工具,微信具有零资费、跨平台沟通、显示实时输入状态等功能,与传统的短信沟通方式相比,更灵活智能,且节省资费。微信营销也成为一种趋势,使不少的企业和个人都从中尝到了甜头。可以说,微信

---

① 微搜.浅谈传统企业的微信营销[EB/OL]. http://www.vsou.com.cn/wlyx/345.html,2015.

营销的发展前景非常值得期待。那么，对于传统企业，应该如何开展微信营销呢？[①]

在这里，我们以"西少爷肉夹馍"为案例进行探讨。2014年4月19日中午时分，离很远就能见到五道口卜蜂莲花超市门口广场中间蜿蜒的队伍，这群顾客排队的目的是购买"西少爷肉夹馍"。

一家传统肉夹馍店利用互联网思维一夜爆红，销售异常火爆。在媒体纷纷探究该传统肉夹馍店的生意经之前，触动笔者神经的还是在微信朋友圈里疯传的名为《我为什么要辞职去卖肉夹馍》的文章。

"行人车辆请注意，火车就要开过来了，请在拦门外等候，不要抢行，不要钻栏杆……"

伴随着最后一班火车的通过，我站在五道口刚刚装修好的西少爷肉夹馍店外。看着夜色下来来往往的人群，我想起自己IT北漂这三年没日没夜的加班，想起每天和100万人挤13号线的毫无存在感，想起五道口成为"宇宙中心"那天我却为了省钱被迫搬到昌平租房的酸楚。我想，那些都是我逝去的青春……

三年前，我和很多人一样，从西安交通大学毕业后顺利进入了让人美慕的互联网巨头（还是不点公司名字了，我只能说公司大到人人皆知），正式开始我的北漂生活，成为一个拿着高薪的码农，在上地科技园这片充满希望的田野上，挥洒着我的青春热血。那时候父母总以我为骄傲，"北京""高薪""大公司"这些标签成为他们在家乡朋友圈的谈资，每次电话里都要叮嘱我好好为老板打工，为公司服务。

---

① 微搜. 浅谈传统企业的微信营销[EB/OL]. http://www.vsou.com.cn/wlyx/345.html,2015.

　　两年前，我俨然成了半个北京人，说话逐渐习惯带着儿化音儿。虽然工资涨幅不大，但是偶尔还能和女朋友出去吃火锅、看电影、喝咖啡。都市的精彩在我老家是很难拥有的，这也让我越来越觉得离不开"帝都"，开始有了扎根"帝都"的冲动。我开始憧憬在"帝都"的未来，想必在不久的将来，我就能升职加薪，当上总经理，出任 CEO，迎娶"白富美"，走上人生巅峰……

　　一年前，华清嘉园的学区房涨到了每平方米 10 万元，五道口从此成了"宇宙中心"。而我不屑一顾地认为，除非我脑残，否则傻×才会去买这种房子。我还清楚地记得那天回家跟女朋友聊起这个话题时，我说"五道口一平方米的房价我俩能游遍全中国，两平方米房价能玩转欧洲，用不了一个厕所的钱就能环游世界了"，说完后我俩放声大笑。

　　半年后，女朋友却跟我提出了分手，因为我在北京没有房，给不了她安全感。那天是平安夜，我一个人走在冷冷的街上，放声痛哭。那一夜，我被这荒诞的现实击垮了。

　　身处"宇宙中心"，我却发现自己其实是在这座城市的边缘，每天都伴随着枯燥的 Java、MySQL、C++、Python 加班到深夜。面对现实沉重的压力,我开始怀疑自己的价值,我北漂到底是为了什么?我真的要当一辈子的码农吗?我写了上百万行的代码,为什么一点成就感都没有?

偶然的机会,在朋友推荐下我看了《寿司之神》这部电影。年逾 86 岁的小野二郎终其一生都在握寿司,成为全球最年长的三星级大厨,《米其林指南》更是对其赞不绝口,享誉全球。一个小小的寿司,能值得一个男人用其一生去追求极致,我深深地被他背后的付出和决不妥协的信念所触动,这不就是我想要的生活状态嘛!亲手做出世界上最好吃的肉夹馍是我从小的梦想,作为一名陕西吃货,我想创造属于自己的餐饮品牌!

我终于决定辞去这份让人羡慕的工作,回到陕西老家开始拜师学手艺,从零开始学做最正宗的陕西肉夹馍!因为热爱,一个多月我就出师了,但问题也接踵而来——要想在北京开店卖肉夹馍,就必须要放弃传统炉火烤制的方法,因为很多地方是不让起明火的,而且炉火烤制容易烤焦,也不够健康环保,如果直接换成电烤箱,又容易失去馍的酥脆口感。

经过半年的研发，用掉5000斤面粉和2000斤肉料，我们终于研制出西少爷特有的配方和流程，利用电烤箱即可完全还原出肉夹馍的香酥口感！我享受着每一份肉夹馍带给我实实在在的成就感！

今天，我将要带着"西少爷肉夹馍"重返五道口。这一次，我要重新定义"宇宙中心"！

装修这半个多月，每天都在店里忙活到凌晨两三点才能回去休息。以前加班到10点我就抱怨连连了，如今给自己打工到深夜简直是家常便饭，天下真没有躺着就能把钱赚了的好事儿啊！

希望好事多磨，一切的努力都没有白费，期待4月8日开业那天。为这一天，我们已经等待了192天了。

五道口，晚安！（注：本案例来源于微信公众号"西少爷肉夹馍"）

读完该文不难发现，创始人以第一人称的叙事方式讲述了一名从事互联网技术的男职员，从西安交通大学毕业后在古都北京从事IT工作，由于工作较为枯燥，尽管工资收入丰厚，但是想在被戏称为"宇宙中心"的海淀区五道口这个地方购买一套属于自己的房子无疑是一个不可企及的梦想。

同其他创业者一样,当人活在困境中时,乡愁也就油然而生。尽管北京距离陕西不是很远,却依然吃不上陕西正宗的肉夹馍。这样一个痛点引发的无限商机,激发了该创业者最终选择辞职创业的勇气,正式开启了"西少爷肉夹馍店"的故事引擎。

据"西少爷肉夹馍店"的促销信息显示,该店创始人均来自百度、阿里巴巴、腾讯三家互联网公司。

人们会质疑:西安交通大学毕业的本科生,有在百度、腾讯等互联网公司的工作经历,应该会有一个更为美好的前程。他们为什么要辞职经营一个看起来技术含量不高的餐饮小店呢?

西少爷创业团队的负责人孟兵回答了这个问题,他说:"我们的目标不是做个小店、卖个馍、赚个生活费这么简单,或者攒钱买个房子,我们的人生追求没有那么狭隘。我希望自己做一些对得起这一生的事情,精彩地活着。现在创业,我的未来有无限可能。"

据孟兵介绍,他 2011 年毕业之后在深圳腾讯公司工作。在就职第六个月时,孟兵就有辞职创业的打算。不过,该想法被他父母制止了。后来,孟兵跳槽到百度工作了一年。2013 年,孟兵的团队创立了一家做产品的互联网科技公司,淘到第一桶金。

当然,正是该店创始人拥有互联网公司的从业经历,所以才能有效地利用互联网思维来进行传统肉夹馍的推广和宣传。特别是在腾讯的工作经历,使团队把微信营销用在传统肉夹馍的推广和宣传上,起到了锦上添花的作用。

与一般的小餐馆相比,"西少爷肉夹馍店"不仅缺乏资金在传统媒体上投广告,即使在几乎是零成本的互联网上,由于缺乏相关人才,互联网营销也几乎一片空白。由于"西少爷肉夹馍"创始人孟兵曾参与过腾讯微信项目的工作,拥有先天的技术优势,不仅在讲故事时注重图文并茂,还贴上了描述具体位置的地图,给附近知名 IT 公司员工免费赠送,使微信营销变得新颖，令消费者眼前一亮。"西少爷肉夹馍"的微信营销，既方便了消费者的阅读，又把大量相关信息呈现给了消费者。

孟兵自豪地说："从效果来看，不可否认，我们的营销做得挺好，产品和用户产品体验放在第一位，营销是锦上添花。我们是专业的互联网团队，深谙互联网营销之道，写个'吸引眼球的故事、通过什么渠道传播'等都是比较轻松的事。"[1]

02 南航的微信营销

微信的运营现如今已经成为企业营销的必备战略手段，如何运用微信进行营销已经成为中国传统企业一个必须解决的问题。在中国南航总信息师胡臣杰看来，微信对于南航（中国南方航空公司的简称）来说，其作用是非常重要的。胡臣杰坦言："对今天的南航而言，微信的重要程度等同于15年前南航做网站！"

从胡臣杰的话中不难得知，南航正是因为对微信的足够重视，才使微信与网站、短信、手机APP、呼叫中心，一并成为南航五大服务平台。

微信在提升南航与用户沟通方面架起了一座桥梁。胡臣杰对外宣称："在南航看来，微信承载着沟通的使命，而非营销策略方案。"

据胡臣杰介绍，2013年1月30日，南航发布微信第一个版本，首先推出微信值机服务。随着功能的不断开发完善，机票预订、办理登机牌、航班动态查询、里程查询与兑换、出行指南、城市天气查询、机票验真……这些通过其他渠道能够享受到的服务，用户都可通过与南航微信公众平台互动来实现。

2013年6月5日，微信产品总监曾鸣在腾讯"切脉"沙龙上发表演讲

---

[1]　蔺丽爽. IT男转做肉夹馍日进万元[N]. 北京青年报，2014-04-20.

时，谈到了腾讯眼中微信民众平台的七个最佳案例。

在这七个最佳案例中，南航微信营销就位列此中，并且还被誉为"整个行业的样本案例"。据南航市场营运部统计数据显示：2013 年 1 月 30 日，南航微信公众账号（CS95539）创建，至 2013 年 11 月 11 日的不到十个月里，南航的微信粉丝数量已经实现了从零到百万的突破，一跃成为企业微信营销中独树一帜的企业账号。

那么，南航是如何进行微信营销，成为腾讯眼中微信公众平台的最佳案例的呢？

2013 年 1 月 30 日，南航启动微信营销引擎，发布第一个微信版本，首创性地推出微信值机办事。

经过近 3 个月的营运，截至 2013 年 4 月 25 日，南航的微信用户数量已经达到 20 万人。其中，2 万～3 万人通过微信绑定了南航的明珠会员卡。在绑定明珠会员卡后，用户便可以直接通过微信获取里程查询、里程累积等会员相关信息。随着南航微信用户数量的急剧攀升，意味着南航又增加了一个会员加入渠道。

截至 2013 年 6 月 18 日，南航的微信用户数量已经突破 50 万，不仅如此，每天还在以 4500～5000 用户数量的速度持续增加。南航的统计数据显示：当南航的微信用户数量达到 30 万时，其中 9000 多会员将会选择使用微信，而摒弃使用 APP。当然，大部分的南航用户依然还是微信和 APP 一同在用。

为了更好地实施微信营销战略，2013 年 6 月 27 日，南航更新微信版本，在第一个版本的基础上新增和完善了机票预订、订单办理、出行指南等功能。

2013 年 9 月 26 日，南航首推用户预订机票微信支付功能。在互联网技术的支撑下，南航逐渐把微信营销平台打造成了一个完善、高效的一站式微信办事系统。其功能主要包括：机票预订、订单查询、机票验真、航班动态查询、管理登机牌；会员服务的入会/绑定、多种会员信息查询；出行资讯的问题咨询、行李查询、天气查询及出行指导。

微信营销的巨大作用让南航在众多传统的企业推广实践中脱颖而出，甚至已经成为南航五大服务平台之一。

当然，南航的微信平台也融合了完善的办事系统，有效地实现了线上线下的用户参与。例如，用户通过微信预定了南航某个航班的机票，就可以直接由微信平台来解决机票以及登机牌等诸多问题，不仅操作方便，而且还能节约时间。以前，很多业务必须要到机场才能够经办。

用户通过南航的微信平台，注册为南航的会员后，就可以享受若干南航推出的促销优惠。营销专家为此撰文称，基于用户的从众和好奇消费心理，南航微信营销的成功好比是对用户进行了一次渗透性的营销革命。

在此次微信营销中，南航在使用群发微信音讯时较为慎重，旨在尽可能地避免骚扰用户。营销专家为此撰文称，自 2013 年 7 月关注南航微信号的 10 个月间，除了在乘坐南航航班时必须利用该微信号进行航班值机及打印登机牌外，其他时候并没有收到南航微信号推送的广告信息。

该营销专家还称，在相对冷清的微信平台上，使用公众号进行广告宣传无疑会引起用户的不满。相较于其他微信订阅公众号平均每三天一条的推送信息，南航微信公众号对用户的骚扰已经减到最低。南航的微信只会向订阅了相关资讯的用户推送信息。这种有针对性的点对点式的个性化营销体现了南航以客户为中心的营销思路，提升了用户的体验感，因此获得了用户的好评。

03 招商银行的微信营销案例

在传统企业的微信营销中，招商银行的微信营销可以说是较为成功的范例之一。查阅公开资料可知，招商银行创建于 1987 年 4 月 8 日，是中国内地首家完全由企业法人持股的股份制商业银行，总部设在深圳。由中国香港特别行政区的招商局集团有限公司创办,其持股比例为 18.03%,是招商银行的最大股东。

招商银行成立之后,先后进行了四次增资扩股,并于 2002 年 3 月成功发行了 15 亿股普通股。2002 年 4 月 9 日,招商银行 A 股在上海证券交易所挂牌上市。2006 年 9 月 8 日,招商银行开始在香港公开招股,发行约 22 亿股 H 股,集资 200 亿港元,并在 9 月 22 日于港交所上市。银行资本净额超过 2900 亿,资产总额超过 4.4 万亿。

从这组数据不难看出,招商银行是一个非常传统的企业,然而就是这样的传统企业,却通过微信营销脱颖而出。相关数据显示,截至 2014 年 3 月底,招商银行的微客服用户数量已经超过 1000 万,其中微信好友数量超过 800 万。

这组惊人的数字表明,招商银行拥有海量的微信用户群,而招商银行取得这样的营销效果却仅仅用了一年的时间。招商银行不仅成功地实施了微信营销战略,而且成了微信最具创新性的企业应用案例之一。

2013 年 3 月,招商银行首次推出信用卡微信客服业务。2013 年 7 月,招商银行推出中国首家"微信银行"。"微信银行"的服务范围从单一的信用卡服务拓展成集借记卡、信用卡业务为一体的全客群综合服务平台。

据招商银行微信营销负责人范雨介绍,招商银行的微信平台是一个闭环的呼叫中心系统,简单的问题往往由微信机器人自动应答;一旦遇到较为复杂的问题,微信机器人会引导用户到招商银行的手机应用掌上生活或者手机银行办理相关业务;而的确遇到复杂的问题,如协商还款、查询一些疑问交易、转人工服务等,都可以通过微信直接连到网络人工系统,由招商银行的人工客服来解决相关复杂问题。

招商银行有效地用微信机器人来帮助解决人工成本上升、现有人工客服无法及时应对随流通户、随交易笔数增长而增长的人工来电量等问题。招商银行精心打造了这样一套系统,完成了呼叫中心的革新,逐渐缓解了人工服务的压力,最终使招商银行提供的优质服务让用户满意度得到大幅度提升。

然而，招商银行的微信服务在丰富银行与客户沟通渠道的同时，也面临着营销、安全等方面的一些挑战。为了更好地探索微信营销，早在 2012 年，招商银行就开始了相关尝试。

2012 年，招商银行与亿长城联袂合作，在微信上开展名为"小积分，微慈善"的营销推广活动，旨在为自闭症儿童提供资金和其他帮助。

在此次合作中，亿长城通过精心策划，当微信用户开启"漂流瓶"功能，一旦捡到招商银行的"爱心"漂流瓶，只要回复之后，招商银行便会通过"小积分，微慈善"平台为自闭症儿童提供资金和其他帮助。

亿长城的统计数据显示，在招商银行开展的"小积分，微慈善"活动期间，每捡十次漂流瓶基本上便有一次机会捡到招商银行的"爱心"漂流瓶。用户参与的数量达到 30 万以上，使招商银行的"小积分，微慈善"活动得到了更好的传播，吸引了大量用户的积极参与。

招商银行在此次微信营销推广中，利用漂流瓶的互动方式提升了用户的认可度，迅速地增加了粉丝数量。不仅如此，招商银行真正的微信营销亮点，则是实现招行信用卡中心的微信公众号可查询账户余额的功能。

用户通过微信号绑定信用卡信息之后，根据弹出页面提交自己的身份证、护照或其他有效证件，在"查询金额"项即可查询自己的信用额度，同时该账号还能返回带有部分关键字的相关交互内容。该微信账号实现了电话银行的部分服务，其他所有电话银行具备的功能还在持续增加中。

可以说，招商银行为金融行业开了一个好头。金融、电信类企业均可参照招行案例进行微信营销。对于所有的金融、电信行业企业来说，微信公众账号将更加便捷地打通企业移动互联网客服乃至销售平台，并且成本低廉，回报丰厚。

第 19 章　搜索引擎营销

对于传统企业来说，要想打破互联网营销的樊篱，搜索营销就成了一个值得关注的营销模式，因为搜索营销已经改变了传统企业的营销模式。2012年7月23日，在北京举行的第五届网络营销大会上，时任百度营销研究院运营中心总监张财亮认为，搜索营销对传统企业来说之所以重要，是因为它带给用户越来越多的方便。故此，搜索引擎对营销的作用不可小觑，同时互联网营销的一个渠道就是搜索引擎。

在如今的互联网时代，搜索营销已经是一个非常热门的话题，如何理解搜索营销的定义就成了研究专家和企业经营者们的关注点。张财亮表示，传统企业通过搜索行为所隐含的搜索意图的关联性，分析客户搜索的意图从而找到客户之所需，这与传统的营销模式有很大的不同。

事实证明，传统企业在实施互联网营销战略时，其搜索引擎必须迎合消费者，即搞清楚消费者在寻找什么。张财亮为此总结说："搜索营销会导致企业在管理体系上的变化。可以总结出来一句话，搜索营销不仅是一种营销方式或者营销手段，更是一种营销战略和营销体系，甚至是一个管理战略和管理体系。"

01 搜索引擎营销已经不可或缺

很多传统企业，尤其是中小型传统企业，既缺乏互联网思维，又没有足够的资金和人才等。然而，当互联网的洪流已经到来时，这些传统企业的经营者不得认真思考该以何种方式来尝试互联网营销。特别是搜索营销的大兵压境势态，已经使这些传统企业的经营者们不得不作出抉择。

那么，作为传统企业的经营者，为什么要利用搜索引擎的网络营销？传统企业能否利用好搜索引擎营销？前百度企业市场部总监舒迅介绍了这个问题，舒迅说："传统企业能否利用好搜索引擎营销，成为赢得激烈市场竞争的关键因素；百度企业客户已超过 15 万家，对于网络推广的服务需求正在呈爆炸性增长。"

传统企业的经营者采用搜索引擎营销的主要原因是，搜索相关信息者可能会购买其产品。公开数据显示，33％的相关信息搜索者在通过搜索站点购物，44％的网民会将搜索站点作为购物的参考。

据中国互联网络信息中心（CNNIC）2009 年 9 月 21 日发布的《2009 年中国搜索引擎用户行为研究报告》显示，截至 2009 年 6 月底，中国搜索引擎用户规模达到 2.35 亿人，增长了 5949 万人，年增长率达 34％。搜索引擎在网民中的使用率达到 69.4％，较 2008 年年底增长了 1.4 个百分点，这是自 2007 年以来搜索引擎使用率首次出现增长趋势。

这组数据足以说明，互联网搜索已经极大地影响人们的工作和生活。这为传统企业实施搜索营销提供了战略机会。在传统企业渠道不断互联网化的今天，一旦某传统企业的官方网站未被列在搜索结果的前 50 名，很可能就意味着该传统企业已经不在国内外庞大用户群的备选之列。某传统企业在互联网上推广产品的成功机会越小，就越不可能凭借网络竞争打败对手。

　　一些传统企业的经营者可能会说,他们企业的官方网站没有提供在线销售服务,但是相关信息搜索者也最快捷地找到官方网站,了解企业的产品、服务或相关代理商的名称和地址。

　　随着互联网的普及,特别是移动互联网规模的不断增大,信息相关搜索者比起随便点击广告条的访问者更有可能成为企业的购买群体,因为信息相关搜索者的搜索访问更具有针对性。因此,吸引信息相关搜索者是一件值得传统企业重视的事情。

　　在当下互联网化的巨浪下,传统企业的经营者大显身手,各显神通,都期望能寻找到属于自己的蓝海市场。在这样的背景下,传统企业的经营者利用互联网思维将信息技术与传统产业有效地结合起来,从而实现了传统企业的跨越式发展。例如,东莞市顺力工业设备有限公司便是传统企业采用搜索营销的成功例子。

　　东莞市顺力工业设备有限公司通过搜索营销的实践再次证明,在营销互联网化的今天,只要互联网营销的方式方法得当,即使是传统企业,照样可以取得期望的业绩。公开资料显示,把一个年营业额只有几十万元的小企业——东莞市顺力工业设备有限公司打造成为一个年营业额达到 6000 万元以上、企业业务增长了 100 倍的集团公司,总经理杜斌仅仅花了 5 年的时间。用杜斌的话来讲,只要用好鼠标,就有可能打破传统行业的营销格局。

　　2005 年 3 月 3 日,东莞市顺力工业设备有限公司在东莞长安成立,公司面积只有 40 平方米。

　　2006 年 10 月 1 日,东莞市顺力工业设备有限公司将工厂迁至东莞市道滘镇九曲村工业区,占地面积 4000 平方米。根据东莞市顺力工业设备有限公司的官网资料显示,该公司自成立之初就致力于现代物流设备的研发、设计、生产和销售,其产品涵盖仓储货架、货台用高度调节板、液压升降平台等仓储物流设备。

　　众所周知,在生产货架和仓储物流设备的行业中,竞争较为激烈。在传统企业中，营销模式往往较为单一，通常都是凭借推销员上门销售或者利用已有的渠道进行销售。当时，东莞市顺力工业设备有限公司也不例外。

成立之初，传统的营销渠道模式对东莞市顺力工业设备有限公司的发展起到了非常关键的作用。随着营销互联网化的普及，杜斌开启了互联网化引擎。杜斌介绍说："公司从2005年成立时，就开始使用百度推广来获取客户。5年时间里，百度推广伴随着我们企业的成长，而我们对百度的信赖与依赖从来没有改变过。"

在杜斌看来，一个小小的鼠标能起的作用非常大，鼠标就是那个四两拨千斤中的"四两"。杜斌解释说："虽然我们的客户是企业，属于B2B类型，这些企业客户的供应商太多也太复杂，他们也需要快速地发现和识别优质的供应商。而货架和仓储物流设备可以说是'买方市场'，当然需要一个好的平台去展示和推广，让客户能快速地找到你。通过百度的搜索营销推广方式可以实现低成本的高效曝光。"

杜斌选择百度作为搜索营销的合作伙伴是经过深思熟虑的。百度作为全球最大的中文搜索引擎，一直是用户获取信息的搜索首选工具。在杜斌看来，"有问题找百度已经深入人心"。的确，通过搜索营销带来了实实在在的利益。作为传统企业的东莞市顺力工业设备有限公司，采用搜索营销，核心还在于其营销效果更加精准、高效，而且收益丰厚。据杜斌介绍，在使用百度推广之后，东莞市顺力工业设备有限公司的官方网站流量增长了80％，同时咨询电话增长了40％，咨询邮件增长了45％。让杜斌深感满意的是，东莞市顺力工业设备有限公司的新增客户80％以上都是来自百度推广。

正是基于此，越来越多的传统企业已经把搜索营销作为网络营销方式的首选。一般地，传统企业实施搜索营销推广期望达到如下几个目标：(1)带来更多的订单，增加销售收入；(2)提升传统企业的品牌知名度；(3)增强传统企业的影响力，等等。

　　带来更多的订单和增加销售收入是传统企业经营者们最期望达到的目标。当然,传统企业要想取得较好的搜索营销效果,就必须正确地把握订单形成的全过程。据杜斌介绍,百度有一个名叫"搜索营销效果转化漏斗"的模型,该模型能通过研究网民利用搜索引擎在网上实现购买,对应企业在搜索平台上的推广过程,直观反映出订单产生的整个过程。形象地说,搜索推广营销的过程就是不断寻找符合企业自身实际情况的最优"漏斗"的过程。①

　　按照杜斌的经验,"百度营销顾问手把手地教我们如何利用这个漏斗,而且还随时帮助我们优化搜索营销方案,比如改进关键词和创意的匹配等,从而达到最好的搜索营销效果,拿到订单"。

　　在杜斌看来,东莞市顺力工业设备有限公司之所以成为仓储物流设备行业的领先者,是因为获得了大客户的认可。杜斌坦言,通过百度推广,公司赢得了富士康、广汽集团和中海油等大客户。

　　杜斌告诫传统企业的经营者,传统企业在实施搜索营销战略时,必须眼光长远,不能半途而废。杜斌说:"有些企业在做百度推广时,一两个月没有效果,或者说效果不明显就放弃做了,这种做法我不赞成。做推广本身就是为了增加企业的曝光率,跟做广告一样是持续的长期的行为。就拿顺力来说,一年下来,能带来几个大客户足够了,这点投入不算什么。"

　　杜斌得出这样的结论,是因为他在实施搜索营销战略时取得的较好业绩。从开始做搜索营销到如今,他从未停止过。杜斌说:"大家都不会做亏本的生意,没有效果的话,我早就停掉了。当然,有时环境变了,企业也应该顺势地调整策略,才能赢得市场。"②

　　杜斌举例说,在金融危机时,东莞市顺力工业设备有限公司积极应对,特地改变其推广策略,加大百度推广投入,为此取得了较好的营销效果,几

---

　　①②　东莞时报.搜索营销,传统企业高成长的推手增长 100 倍的秘密 精准匹配的效用[N].东莞时报,2010-12-15.

乎未受到金融危机的影响，其销售业绩一直保持高速增长。

东莞市顺力工业设备有限公司的案例给中国传统企业的启示是，搜索营销已经成为传统企业增加销售收入、提升传统企业品牌知名度、增强传统企业影响力的新趋势。

2008年3月20日赛迪顾问发布的《2008中国品牌竞争力报告》显示，百度已经成为中国搜索市场霸主，"百度一下"成为67.8％的网民常用的词语。

事实也证明了营销专家的说法："营销的本质实际上是相通的，不仅仅在搜索营销方面。"营销专家还观察到，越来越多的传统企业正在像东莞市顺力工业设备有限公司一样，积极挖掘潜力巨大的长尾市场价值。

02 搜索营销改变传统营销模式

众所周知，在传统的媒体时代，消费者获得企业产品信息的成本往往较高，然而在互联网时代的今天，消费者通过互联网搜索就能了解很多相关产品信息。

中国互联网络信息中心（CNNIC）2014年7月21日发布的第34次《中国互联网络发展状况统计报告》显示，截至2014年6月，我国搜索引擎用户规模达5.07亿，使用率为80.3％，用户规模较2013年12月增长1783万人，增长率为3.6％。与此同时，手机搜索用户数达4.06亿，使用率达到77.0％，用户规模较2013年12月增长4080万人，增长率为11.2％。手机搜索用户规模增长迅速，手机搜索已经超过手机新闻，成为除手机即时通信以外的第二大手机应用（见图4-19-1）。[1]

---

[1] 中国互联网络信息中心. 第34次《中国互联网络发展状况统计报告》[D]. 2014-07-21.

搜索用户规模　　　手机搜索用户规模
搜索使用率（占网民比例）　　手机搜索使用率（占手机网民比例）

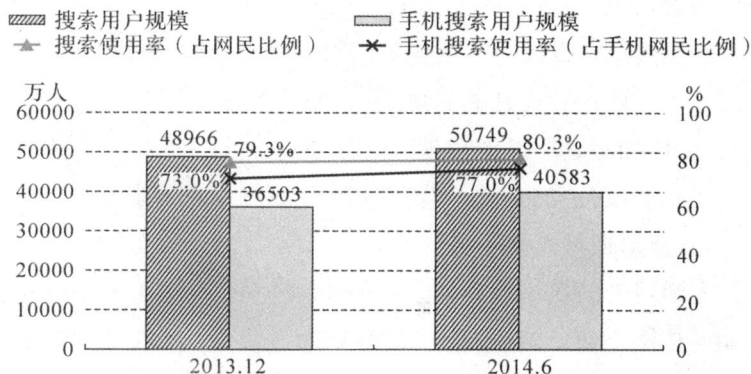

图 4-19-1　2013.12—2014.6 搜索/手机搜索用户规模及使用率

该报告显示，在 2014 年上半年，搜索引擎创新技术的实际应用取得了实质性进展，企业基于"语义搜索"与"知识图谱"技术，整合社交、视频、旅游、软件应用下载等多类信息，开发上线新的搜索产品，提高搜索精准性，优化用户体验。同时，搜索企业不断拓展流量渠道：一方面，通过与应用分发平台、社交网站、团购等多领域内互联网服务企业的合作、投资或并购，丰富流量来源和搜索产品内容与形式；另一方面，企业纷纷推出独立搜索APP 争夺移动端流量，同时着力发展应用内搜索、创新应用分发模式，通过打破 APP 之间的信息壁垒、增加 APP 活跃度、激活长尾应用市场，为用户呈现高度相关的优质内容，提高移动搜索的精准度。搜索引擎在 PC 端及移动端均形成了以搜索产品为核心，集地图、娱乐、购物、社交、本地生活服务等应用为一体的搜索服务，提升了用户体验和使用黏性。[1]

从这份报告可以看出，搜索已经改变消费者获取产品信息的渠道。的确，在互联网高速发展的今天，越来越多的人甚至懒得去书写汉字，也不会去想更多的问题，只要遇到不懂的问题，就会去搜索。

---

[1]　中国互联网络信息中心. 第 34 次《中国互联网络发展状况统计报告》[D]. 2014.

在一些论坛上，许多业内人士大声疾呼要停止对互联网的依赖程度，他们撰文指出，谷歌、百度等搜索让我们每一个人在变傻变懒，甚至还抨击网络的阅读方式让人们失去了缜密思维的逻辑基础。

当然，这样的问题足以说明搜索引擎在人们日常生活中的地位，就像"水能载舟、亦能覆舟"的道理一样。任何一项技术都有其两面性，只要有效地利用，其能量还是非常巨大的。

在很多消费者的意识中，美国联合航空公司（United Airlines）是一家名副其实的传统企业。然而，在互联网化的过程中，公司因为实施搜索引擎营销，具体措施是优化关键词选取，最终取得了机票销量翻倍增长的好业绩。

随着用户在互联网上的消费活动越来越频繁，美国联合航空公司不得不作出调整期推广方式。在 2007 年第一季度期间，美国联合航空公司就充分利用搜索营销等互联网推广方法，有效地与消费者进行互动。在顾客作出购买机票决策之前，美国联合航空公司将顾客最想预先知晓的机票相关信息传达给顾客。在没有增加广告预算的背景下，实施搜索营销之后，美国联合航空公司的销售业绩增长竟然超过了两倍。

美国联合航空公司通过市场调研数据得知，65％的顾客在作出旅行决定之前，通常会进行至少 3 次的相关信息（如价格、服务和航空公司信息）搜索；有 29％的顾客竟然会进行 5 次以上的相关信息搜索。

美国联合航空公司发现，用户搜索和关注的信息主要集中在价格、服务和关于航空公司的详细信息三个方面。美国联合航空公司为此针对这三个方面的信息，分别优化了关键词的选择和结果的呈现方式，使顾客在作出决策之前就已经知晓如价格、服务和航空公司等相关信息，有效地提升了机票的销量。

美国联合航空公司这一案例给传统企业的启示是，搜索营销可以告知企业客户在购买周期内关注的细节是什么，如能更好地把握这些细节，在营销活动中提升与客户的信息传达能力，并且时刻优化这些信息的呈现，

从而让市场营销人员和用户保持互动循环,将对销售产生实际的促进
意义。①

03 搜索引擎广告精准狙击潜在顾客

随着互联网,特别是移动互联网的普及,搜索引擎市场出现了高速增
长。截至 2012 年,中国内地搜索引擎营销市场规模达到 283.3 亿元。为
此,科特勒咨询主席米尔顿·科特勒认为,搜索营销是传统企业在中国以
及全世界范围内建立品牌最有力的工具之一。

米尔顿·科特勒的观点是很有前瞻性的。据艾瑞咨询发布的《2008 年
中国搜索引擎营销发展报告》显示,在北美等地互联网营销较为发达的国
家中,传统企业把搜索引擎营销视为投资回报率最高的营销推广方式。例
如,在流量提升、销量促进、品牌传播等方面,搜索引擎起到的作用越来越
大。传统企业为支持搜索引擎营销项目的实现,也越来越多地将其他营销
项目中的预算划拨到搜索引擎营销项目中来,以节省营销支出。

艾瑞咨询发布的针对北美广告主对各营销手段的投资回报率的评价
数据显示,以汽车行业为例,广告主认为投资回报率最高的营销方式是:
"竞价排名"和"搜索引擎优化",对关键词定向广告、内容定向广告、付费收
录(pay for inclusion,简称 PFI)这三类搜索营销方式也有一定的认可度,上
述几种方式均属搜索引擎营销,认可度比例之和达 59%(见图 4-19-2)。②

从图中不难发现,传统企业经营者对传统营销方式的认可度已经大大低
于对搜索引擎营销的认可度了。因此,对于传统企业的经营者而言,互联网
就如同一座蕴藏着巨大潜力与财富的矿藏,只要方法得当,就能挖掘到期望

---

① 陈鹏全. 全网微营销创意案例集[M]. 广州:广东经济出版社,2014.
② 艾瑞咨询. 2008 年中国搜索引擎营销发展报告[D]. 2008.

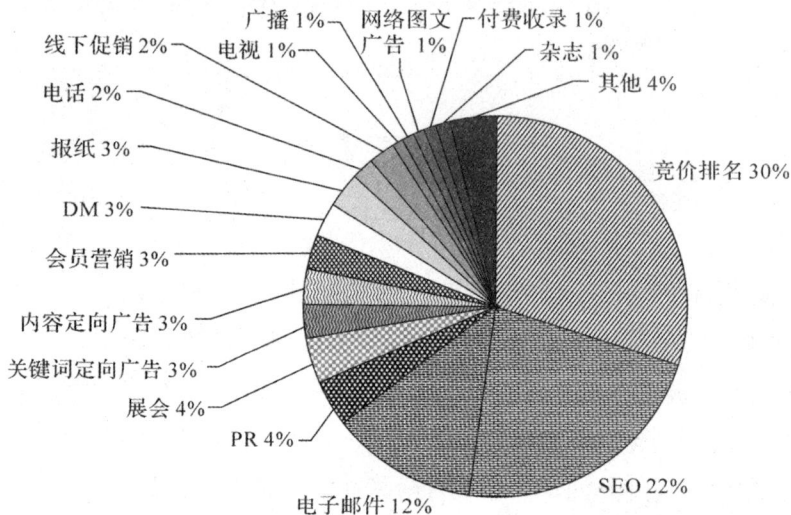

图 4-19-2　北美广告费用比例明细

的商业价值。即使是在美国总统大选中，搜索引擎营销的作用也不可小觑。

　　奥巴马的胜选已经证明搜索引擎在美国总统大选中的巨大作用。不难看出，奥巴马及其竞选幕僚抓住了互联网这个新兴的媒体，挖掘出了搜索引擎的巨大选票力量。奥巴马竞选团队用两年时间就成功地完成了由奥巴马这个"默默无闻"的小品牌到"一鸣惊人"的美国总统的跨越。

　　奥巴马的胜选也是搜索引擎的胜利。对此，李彦宏曾表示："美国总统大选，是世界上最激动人心的一种营销活动。候选人要在不到两年的时间里，完成从默默无闻到战胜名气、经验和地位都比自己强大的竞争对手。让选民认可你，从营销学的角度来讲，就是让消费者认同你，喜欢你。"

　　奥巴马在总统竞选中，尤其重视搜索引擎营销。在奥巴马的搜索引擎营销战略中，奥巴马竞选团队有效地利用谷歌、雅虎等搜索引擎，不厌其烦地将"奥巴马是谁""有何政见"等信息传递给广大选民，以及不是选民的各国各界人士。

　　奥巴马竞选团队这样做的目的就是，要将"奥巴马是谁""有何政见"等信息传递给关心奥巴马的选民。因此,通过搜索引擎,许多选民逐渐认识了出生在夏威夷的黑人奥巴马。

奥巴马不止一次地借助网络整合营销来参与总统竞选,在 2012 年美国总统大选中,奥巴马同样凭借网络整合营销获得了连任。

众所周知,从胡佛时代的电话"洗脑",到罗斯福时代的广播演说,再到里根时代的电视作秀,随着传播工具的发展进步,互联网和搜索引擎等新兴媒体正在美国大选中扮演越来越重要的角色。[①]

奥巴马竞选团队将超过一半的网络预算投入到搜索引擎广告中,这足以看出搜索引擎在美国的使用普及率。营销专家在分析奥巴马的参选活动时认为,整个选举过程实际上就是一次完整的营销行为,其目标人群是全体美国选民,尤其是奥巴马最需要争取的年轻一代。搜索引擎不仅覆盖率高,而且精准、实惠。[②]

针对此现象,李彦宏甚至高调宣称:"无论网民是诺基亚的消费者,还是欧莱雅的消费者,无论网民是思科的消费者,还是蒙牛的消费者,每一次搜索都表达了消费者的属性,百度搜索都可以精准地把他们进行分类,帮助企业在数亿人中精确地找到自己的消费者。"

李彦宏的依据是,在百度中搜索"奥巴马、营销",会发现大量营销人士将奥巴马的竞选作为经典案例来研究。

对于奥巴马的搜索营销,营销专家普遍认为,对互联网和搜索引擎的应用,是奥巴马连续淘汰希拉里、麦凯恩等强有力的竞争对手的最大法宝之一。来自知名互联网搜索指向标谷歌趋势的网站资料显示,2008 年美国网民搜索"奥巴马"的次数远超著名品牌 IBM、诺基亚与麦当劳搜索次数的总和。也就是说,如果奥巴马是一个商业品牌,那么他足以跻身美国十大品牌之列。[③]

---

①②　徐英. 奥巴马胜选"是搜索营销的一个完美案例" [N]. 中国青年报,2008-11-18.

③　刘勇. 奥巴马一网天下[J]. 商界评论,2008(8).

后　记

　　全球贸易的自由化加剧了传统企业之间的竞争,互联网正在侵蚀传统市场,电子商务也间接地取消了中间人。在互联网化的这波大潮中,传统企业只有敢于推进互联网化才能赢得新一轮的竞争。易观断言,"中国的企业终将成为互联网企业,在云计算和移动互联网的催化下,互联网也将像水、电一样成为企业必不可少的资源,越来越多的企业将会意识到互联网的重要性,企业的互联网化在中国迎来了高速发展,互联网化的大势正在到来"。

　　越来越多的传统企业在业务的拓展和发展中,正逐步将内部的业务流程和外部的商务活动与互联网(包括移动互联网)相互融合在一起,有效地提升了传统企业的整体核心优势。我们把传统企业的这一趋势称为企业互联网化发展趋势。

　　与这一趋势持相同观点的还有华为,在华为发布的名为《用趋势赢未来,数字化重构新商业》的行业趋势报告中,就印证了这个观点。该报告阐释了互联网和大数据对传统产业的颠覆性影响,同时告诫中国传统企业说:"未来的企业,无论从事的是什么行业,也无论企业的规模大小,首先是一个'高科技企业',不能充分利用信息技术实现业务升华和改造的企业,在信息时代是没有生存空间的。"

　　该报告还指出,互联网正在由改变价值传递环节进入价值创造环节。以前我们谈及互联网时,总是狭隘地默认为,互联网通常是社交、电子商务、游戏,尤其是电子商务,它用互联网的方式打通了传统的物流、信息流和资金流。但是如今的内容却不一样了,互联网正在直接进入价值创造(更为直接的是产品创造)的过程中。

　　如今,这样的变化无疑说明互联网已经入侵传统企业的产品研发、渠道创建、营销推广、广告投放、危机管理、大数据商机、移动互联网市场的开发等领域。若传统企业不能够适应这些变化,那么传统企业的未来无疑将更加令人担忧。正如马云所言,"我们必须去适应变化的时代,以变应变,在别人改变之前先改变自己"。因此,在本书中,我除了分析互联网对传统企业的影响外,用案例阐释了公关、产品需求研发、大数据的商业开发、互联网营销等多个方面的内容,以供中国正在创业或者立志于创业者借鉴和参考。

　　本书的定位是企业转型培训、员工培训的教材;企业老板、互联网研究专家的企业互联网化读物;创业者、管理者的行动指南;企业家、职业经理人、高层领导者的决策参考……作为互联网时代传统企业的代表人物,以及继续在企业互联网化路上的先行者,柳传志、张瑞敏、任正非的互联网经营思想或许不能直接给中国传统企业的经营者们带来必然的成功,但是却能给予中国传统企业的经营者一个提示和视角,一个忠告和鼓励。

　　这里,感谢"财富商学院书系"、"火凤凰财经书系"的优秀人员,他们也参与了本书的前期策划、市场论证、资料收集、书稿校对、文字修改、图表制作。

　　以下人员对本书的完成亦有贡献,在此一并感谢:简再飞、周芝琴、周梅梅、吴雪芳、吴江龙 、吴抄男、赵丽蓉、周斌、张著书、周凤琴、周玲玲、金易、何庆、李嘉燕、陈德生、丁芸芸、徐思、李艾丽、李言、黄坤山、李文强、陈放、赵晓棠、熊娜、苟斌、佘玮、欧阳春梅、文淑霞、占小红、史霞、陈德生、杨丹萍、沈娟、刘炳全、吴雨来、王建、庞志东、姚信誉、周晶晶、蔡跃、姜玲玲等。

任何一本书的写作，都是建立在许许多多人的研究成果基础之上的。在写作过程中，笔者参阅了相关资料，包括电视、图书、网络、报纸、杂志、论文库、一些企业的官方网站等资料，所参考的文献，凡属专门引述的，我们尽可能地注明了出处，在此向有关文献的作者表示衷心的谢意！如有疏漏之处还望原谅。

本书在出版过程中得到了许多商学院教授、标杆企业研究专家、互联网研究专家、民营企业老板、企业总裁、职业经理人、媒体朋友、培训师、业内人士以及出版社编辑等的大力支持和热心帮助，在此表示衷心的谢意。由于时间仓促，书中纰漏难免，欢迎读者批评指正。我的 E-mail 地址是：zhouyusi@sina.com.cn。

周锡冰

2016 年 3 月 26 于北京

图书在版编目（CIP）数据

互联网化:传统企业自我颠覆与重构之道 / 周锡冰
著.—杭州:浙江大学出版社,2016.6
　　ISBN 978-7-308-15826-8

　　Ⅰ.①互… Ⅱ.①周… Ⅲ.①互联网络—应用—企业
管理—研究 Ⅳ.①F270.7

中国版本图书馆 CIP 数据核字（2016）第 101006 号

互联网化:传统企业自我颠覆与重构之道
周锡冰　著

责任编辑	姜井勇	
责任校对	罗人智	
封面设计	续设计	
出版发行	浙江大学出版社	
	（杭州市天目山路 148 号　邮政编码 310007）	
	（网址:http://www.zjupress.com）	
排　　版	杭州中大图文设计有限公司	
印　　刷	浙江印刷集团有限公司	
开　　本	710mm×1000mm　1/16	
印　　张	13.5	
字　　数	167 千	
版 印 次	2016 年 6 月第 1 版　2016 年 6 月第 1 次印刷	
书　　号	ISBN 978-7-308-15826-8	
定　　价	38.00 元